KB110841

소통과 힐링의 시 21

시를 골목길에서 줍다

골목길 시인들이 들려주는 이웃들의 이야기

골목길은 웃음이 넘치는 소통의 공간입니다. 앞집 덕이네도 옆집 광이네도 뒷집 경이네도 고개만 내밀면 얼굴 마주보며 정을 나누던 삶의 터전입니다. 이 집 저 집 올망졸망한 아이들이 모여서 딱지치기 숨바꼭질 고무줄놀이 등으로 웃음꽃을 피우던 힐링의 공간입니다.

골목길 문화를 오롯이 간직한 이들이 골목시인회로 모였습니다. 누구나 쉽게 이해할 수 있는 시로, 가장 가까운 가족 친구 이웃들과 소통하는 시로, 옛 골목길의 환한 웃음을 함께 하는 자리를 마련했습니다.

골목시인회 시인들의 터전인 이천의 복하천 길 따라 조성된 갈대와 코스모스 꽃길을 특집으로 편성해서 여러분을 초대합니다.

우리 사는 이야기 전해드립니다.
살포시 받아주세요.

2021년 가을에
편집부

여는 시

삐리 삐리 삐리릭

≔≒⠇⠇⠒⠒⠁⠔⠕≒

주파수를 맞춰주세요
우리 골목길의
주파수는
환한 웃음입니다

좋아하면 그리 된다 하니
나도 너를 보며

나에게 너는 설명할 수 있는
언어의 세계가 아니다

가장 지역적인 것이 세계적인 것
우리는 이천의 노래꾼

좋아하면 그리 된다 하니
나도 너를 보며

코스모스

가을 하늘이
좋아서
쳐다보더니
맑게 웃는
얼굴이 되었느냐

좋아하면
그리 된다 하니
나도
너를 보며
가을이고 싶다

갈대꽃 머리에 이고

윤석구

정말 몰랐어
바보처럼
다정한 너의 속삭임이
뭔지를

이제 알고 나니
너는 어느 세상에 있지

나는 갈대꽃
머리에 이고 강 건너에
아픔만 던지고 있어

호법 코스모스길

최덕희

몰려온 새악씨들
꽃잔치 한창이네

흥거운 가을아낙
하늘하늘 더덩실

까르르
춤추는 순정
가을하늘 사르르

내 비밀 알고나 있듯(시조)

최덕희

중학생 교복 입고 복하천 건너던 때
처음 본 갈대숲길 어린 가슴 뛰었지
발그레 수줍은 연정 움찔움찔 싹텄지

복하천 갈대숲이 하얗게 피어날 때
미지의 소년에게 첫사랑을 보냈지
누구도 숨겨졌었던 달콤함을 몰랐지

세월이 이렇게도 변하고 변했는데
아직도 갈대숲은 옛날대로 피었네
내 비밀 알고나 있듯
하얀 갈대 흔들흔들

호법 코스모스길(시조)

꽃들이 아름답다 천지가 아름다워
온몸이 코로나로 굽은 마음 달래듯
꽃길을 만든 이들의 마음도 아름답다

가을 햇살 몰고 온 파스텔 빛 가을꽃
빛나는 은빛 하늘 뚝방 가득 나란히
바람에 하늘거리며 물결 따라 입맞춘다

가녀린 코스모스 넘어져도 웃음 짓고
멈춘 듯 흐르는 강 쉬어가라 철새들
호법면 뭉게구름도 쉬어가며 머문다

14

갈대의 춤(시조)

서광자

복하천 깃을 여는 갈대밭 향연의 춤
뽀오얀 분을 하고 너울너울 더덩실
긴 머리 휘날리면서
스쳐가는 바람에

물 따라 출렁이는 습지에 뿌리 내려
강변에 끼리끼리 부대끼며 시린 몸
폭풍에 숙일지언정 꺾이지는 않을 거야

햇살이 불러내는 고향의 내 동무들
꽃바람 고은 물결 때때마다 일렁이는
하이얀 줄기 흔들며
말을 거네 반갑게

꽃길 가자더니

권경자

그곳에 핀 꽃들이
얼마나 예쁘길래

궁금해
했었는데
동료들의 호의 보소

포즈로 인연 맺어서 두고두고 보자네

가보지 못했으니
아는 척 어이할꼬

혼자서
이리저리
가슴앓이 하다가

눈 감고 그려보았네
호법 코스모스 꽃길을

복하천 갈대(시조)

권경자

복하천 둘레 길을 지키는 수호신아
하늘을 이고 서서 은빛 파도 일구어
길손들 심장 속으로 눈부시게 파고 든다

새빨간 단풍보다 더 고운 햇살 아래
갈바람 행보 따라 섬광처럼 빛나니
하늘도 맑고 푸르러
가슴까지 뚫리듯

갑갑한 세상살이 지치고 고단해도
이 순간 너를 만나 그 고뇌 풀고 가니
훗날에 또 다시 와도 외면일랑 말거라

바람 부는 날 복하천 코스모스꽃길에 서서

바람 부는 날 복하천 코스모스 꽃길에 서면
저어하지 않고 묵묵히 순응하는 모습들
바람이 가는 길을 묻지 않는다
백로는 다시 먼 길 떠나기 위한 비행 연습을 하고
회백로는 다가가면 날갯짓을 하며 멀리 달아난다
모든 것은 순간의 만남이려니
널 탓하랴 날 탓하랴

물살 흐르는 대로 몸을 맡긴 채
유영하는 청둥오리들
이제 막 꽃을 피우려는 억새들도
물가에 모여 있는 갈대들도
일제히 바람결에 따라 춤을 추고
코스모스는 까르르 소녀들의 웃음이었다가
짧은 조우를 아쉬워하는 구름이었다가
흐르는 물살이 매 순간 다른 그림을 그리듯이
바람에 살랑이는 코스모스의 몸짓도 매양 다르지
세월의 이불 한 자락 걸치고 가는
흐름의 속내음을 어찌 다 헤아리랴
흘러가고 흘려보내는 순간의 만남 속에서

그대여
삶은 그렇게 허기진 그리움으로 채워가는 것
내 곁에 머물다 간 것들에 대한
내 곁에 머무르게 하고픈 것들에 대한 그리움
그 허기진 그리움이듯
복하천은 출렁이고
세상은 다 그렇게 흔들리며 사는 거라며
길 잃은 낮달도 중천에 머물러 있다

갈대 앞에 서서

정구온

여름 날씨가 갑자기 곤두박질해서 겨울이 느껴지듯
삶의 소용돌이 속에서 얼마나 고단하고
얼마나 힘들었을지 나는 안다
수없이 깨지고 부서진 맘 다독여
다시 한번 다시 한번

푸른 잎으로 출렁거릴 때는
모진 비바람에 흔들거려도 풀피리 소리였다
가을,
갈대숲에서 너의 거친 숨소리를 듣는다
숨고르기조차 힘들 듯한

쏟아 낸 삶의 궤적들이 별빛으로 흐르는 밤
추운 너의 마음 따스히 덮어주기 위해
캔들 워머에 촛불을 밝힌다
테이블 가득 채운 촛불의 향연 속에서
모진 비바람 견디고도
본연의 모습 잃지 않은 너에게
따스한 위안이 되어지기를
마른 꽃들이 무성한 수목원에서
보랏빛 미소 안겨주던 솔체꽃처럼
고운 빛깔 가슴에 담기를
쓰러지면서 흔들리면서도 다시 일어선 너
갈대도 알고 있다고
더불어 흐느끼는 춤사위를 펼친다

호법 코스모스 길

이경근

시내에서 복하천 자전거 길 따라
신나게 페달을 밟아서
호법 단내성지 향해 달리다 보면
봄에는 아직 어리지만
이팝나무 하얀 미소로 반기고
여름에는 단풍나무 태양에 붉은 꿈을 키우고
가을에는 활짝 핀 코스모스 무리들이
발걸음과 자동차를 멈추게 한다

어릴 적 향수와 추억이 담겨 있고
파란 하늘과 어우러진
길가나 꽃밭 어디든 피어
눈웃음치며 살랑살랑 반겨준다

가을 하늘처럼 맑은 웃음 보이던
소꿉친구들 보고 싶어 그리우면
벗이여, 산들산들 코스모스 속에서
우리들 지난 숨결 마음껏 느껴보자꾸나

갈대숲

어머니 환영처럼 하얗게 핀 갈대꽃
복하천 뚝방길 걸으며
쏙닥쏙닥 이야기하고 싶다

파란 하늘 뭉게구름 바라보며
어머니에게 세상이 왜 이런지 묻고 싶고
씁쓸한 첫사랑을 고백하여
따뜻한 마음 위로를 받고 싶고
세상에 차마 털어놓지 못하고
마음에 담아둔 고민을 털어내고 싶다

어머니 환영처럼 하얗게 핀 갈대꽃
복하천 뚝방길 걸으며
쏙닥쏙닥 이야기하고 싶다

코스모스길

위영자

그대 따라 활짝 피었다
눈으로 가득 담았다
가슴 한가득 안았다
귀에도 가득 채웠다

가득히 담아온 그대 사랑
비워지기 전에 글로 남겨야지
발걸음도 가볍게 꽃길 걸었다

복하천 갈대

위영자

복하교가 생기기 전 철로 된 외다리가 있었지요
반대편에서 건너오는 사람이 있으면
기다렸다가 건너가야 하는 외다리는
기다림도 있었고 양보도 있었지요

오일장 다녀가는 분들이 많이 이용했지요
지금은 큰 복하교 작은 복하교 차들이 싱싱 달리고 있어
옛 모습은 볼 수 없지만
새롭게 단장하여 시민들이 자유롭게 사용할 수 있는
공원과 캠핑장으로 사랑을 받고 있지요

한때는 파릇파릇 청춘이었을 갈대
갈대를 친구 삼아 사진을 찍고 갔을
흔적들이 남아 있었어요
흰머리 날리며 서있는 모습이
긴 세월 복하천의 역사를 들려주는 듯
서걱서걱 소리를 내며 흔들리고 있어요

추억의 코스모스길

신동희

손주들만 돌보다가 늦깎이
호법 초등학교 꿈터지기 보조 선생님으로
시골 순박한 아이들하고 공부하며 놀다가
호법 뚝방길 코스모스길 걸으면 생각이 난다
어느 해 가을날 신작로 코스모스길을 걸은 적이 생각 난다
뚝방길 따라 자갈밭 길 따라 말없이 걸었던 시절
소리 없이 행복하자고
건강하자고 순수하게 살자고
책갈피 속에 숨겨두었던 추억
살사리꽃처럼 살랑살랑 추억이 흔들어 주는
가을 코스모스길
가을에는 가장 으뜸인 코스모스 알록달록
꽃길 따라 바람길 따라
옛추억 그리움이
아련한 추억길이 생각난다

복하천 숲길

신동희

발은 발밑에 신비한 잔디밭이 흐르고
발은 발밑에 기쁨의 들꽃들이 흐르고
쓰러진 풀잎들은 쓰러진 채로
흘러 흘러
진 꽃들은 영글어가는 꽃씨에
소망을 만들어 가고
밤에는 별과 달을 맞이하고
낮에는 햇빛과 더불어 자기자리를 지키고 있다

발은 발밑에 들꽃들의 노래와
발은 발밑에 들풀들의 싱그러움으로
이글이글 끓는 팬데믹 세상에서도
끊임없이 세상을 향해
잠잠히 은은한 향기로 품어준다

명품 코스모스길

안지은

또로록 새벽 이슬에 꽃단장한
그대의 가녀린 얼굴 청아한 하늘을 노래하고
실바람에도 수줍은 듯 어깨춤까지
가을맞이 나온 발길들
달콤한 추억으로 오롯이 붙잡네

복하천 상류 호법면 단천리 앞을 가로질러
후안리 둘레길까지
어깨 서로 맞대어 병풍으로 둘러서서
다리 밑을 유유히 거니는 청둥오리
키다리 친구가 되어주네

쌀밥 중에 쌀밥 이천쌀밥
호법 들판에 추수를 기다리는
양곡들이 물결 쳐도
그대 없이는 가을이 완성되지 않아요

우리 동네 빨간약

안지은

상한 갈대와 같은 지친 마음들을
포근히 보듬어 주는 엄마 품 같은
복하천 갈대숲길

바람이 지나가는 대로 펼치는 군무는
복잡한 도심의 시야를 가리우고
고요히 가을에 안긴다

갈대 사이로 만들어진 둘레길 위에
파란 하늘 화관을 쓰고
굳이 이름을 자랑하지 않는 야생화와
도란도란 걷다보면 복하천을 가로 질러
선물처럼 놓인 징검다리
소녀 때처럼 통통 뛰어 건너가는 재미가
사랑스러운 점과 점으로 이어지는 한나절

복하천 갈대숲 길은 우리 동네 빨간약이다
마음이 아파도 머리가 아파도
가슴이 미어져도
휘이
한 바퀴면 끝이다

코스모스 피어있는 길

김신덕

키 큰 울엄마 닮은 코스모스
살랑살랑 실바람 타고
가녀린 몸짓으로 춤을 춘다
단아한 자태를 뽐내며
넘어질 듯 넘어질 듯

그 뜨거운 태양 아래
예쁘게도 피었구나
반백의 중년들
까르 까르 까르르
코스모스 피어있는
복하천 길에 가을햇살
가득 안고서
홀로 되신
울엄마 함께 해야지

큰 마을 이뤘네요

김신덕

총강총강 룰루랄라 아침이슬에 젖어
영롱한 복하천 갈대밭에 나왔네요
시원한 바람에 몸을 맡긴 갈대들이 바람 따라
흔들리며 이슬을 털어내고 있어요
은발의 머리 풀어 헤치고 경쾌한 음악에
몸을 부대며 왈츠춤을 추고 있네요
참새 가족 다섯 식구
초대 받았나 봐요
째재잭쨱
무어 그리 재미있을까요
쿵작작 쿵작작
시원한 바람에 몸을 맡기며
지나가던 객도 녹아 드네요

뭉게구름처럼 몽실몽실
모여 있는 갈대숲
큰 마을 이루었어요

그리움으로 더욱 예쁜 추억의 길

이인환

내 고향 호법면 복하천 상류 자전거길
단내에서 후미촌까지 왕복 십육여 리
우리가 좋아하는 코스모스 꽃길 열렸다

가꾸지 않아도 충분히 예쁘지만
가꾸면 더욱 예쁘셨던 우리 어머니들
어느덧 반 세기 새마을운동 한창일 때
신작로 마을길 수놓던 고운 마음 열렸다

내 고향 단내 복하천 상류 자전거길
맑은 물 고운 모래사장 동무들의 물놀이
시샘하는 구름이 해를 가릴 때면
벌거숭이 새파래진 입술로
해야 해야 나오너라
짠지국에 밥 말아 먹고
어서어서 나오너라
노래하며 하늘을 바라보고
엉덩이 춤추던 시절이 아른아른

그대로도 충분히 예쁘지만
그리움으로 더욱 예쁜 추억의 길
찾는 이 누구라도 환히 반겨주는
코스모스 꽃길 나란히 화알짝 열렸다

복하천 갈대숲에서

이인환

나이 드니 갈대가 칼날 품은 맘을 알겠다
칼날 끝에 세운 갈대의 한생이
눈부신 꽃으로 빛나는 그 이유를 알겠다
평생을 흙과 더불어 흙에서 사신
아버지 어머니 태 묻고 몸마저 묻으신
마을 앞을 가로지르는 하천에서
벌거숭이 어린시절부터
소꼴베기 소뜯기기 일상으로 하다가
억세디 억센 칼날 품은 풀잎에
슬쩍 스친 손가락으로 피어오른 꽃

그렇게 아파가며 배우는 거여
그렇게 울어가며 배우는 거여

시대를 따라 줄어드는 구만리뜰
필요에 따라 조성된 자전거길
비록 가난한 농사꾼으로 살지라도
최고의 쌀 이천쌀 짓는다는 자부심으로
아버지 어머니가 품으셨던
복하천 물줄기 따라
굳게 뿌리 내린 갈대숲에 드니
비슷비슷 닮은 사람들이
갈대숲에 터트리는 웃음꽃을 알겠다
걸음걸음 풍기는 생의 여유를 알겠다

나에게 너는 설명할 수 있는
언어의 세계가 아니다

100세 시대라고 하니 인생의 가을도
아름다움의 절정이 아닐까 싶다.
겨울이 빨리 온다 해도 함박눈 내리는 밤
벽난로 속 군밤 향기처럼 생각하기 나름대로
인생은 참 아름다운 거라고 외치고 싶다.

윤석구

1940년 예산에서 태어남. 이천 창전동 거주. 아동문학가. 동요작가. 한국동요사랑
협회 고문. 골목시인회 고문. 에이스침대 대표. 시집 :『늙어가는 길』, 『첫눈에 반했
다』, 공저시집 『시가 흐르는 골목길』, 『시가 골목길로 내려왔다』 등

사랑

나에게
너는
설명할 수 있는
언어의 세계가 아니다

그냥
마냥 좋다

목련

어쩌자고
한낮에
잎새도 없는 가지에서
실오라기 하나 없이
그토록 눈부시게
당당하느냐

겨울을
맞서겠노라고
배짱도 좋다

장미는

왕벌이
아무리 귀찮게
해도
가시로 찌르지
않는 걸 보면
맘도 좋은가 봐

예쁜 게 그냥
예쁜 게
아닌가 봐

그때

아름답다고
생각하는 것은
그때다
행복하다고
생각하는 것도
그때다

지금이 지나면
모두가 그때다

젊어가는 길

뜨아 한 잔 주세요
했더니
예쁜 카페 주인이
어머, 웃는다
아아가 아닙니다
했더니
한번 더 웃어주더라

젊어가는 거
어렵지 않더라
같은 말 쓰면서
어울려
주니 되더라

* 뜨아 : 뜨거운 아메리카노
* 아아 : 아이스 아메리카노

젊게 산다는 것

세월의 나이는
거스를 수 없는 줄
알면서도
건강식품까지
총동원
안간힘을 쓴다
거스를 수 있는 생각은
찾지 못하고

손주들이
피자가 몇 쪽이에요
물으면 8쪽이다
바로 답하며
함께 맛볼 노인이
얼마나 될까
궁금하다
젊게 산다는 것은
가까이 있건만

팬데믹이라지만

아는 사람 만나면
보가 나올지
바위가 나올지
궁금하고 재미지다
반가움과
동시
주먹이 먼저일지
손바닥이 먼저일지

동심으로
돌아가는 놀이라면
얼마나 좋을까

41

코스모스

시도때도 없이
신나게 잘도 추더니
디스코도
강남스타일도
잘만 추더니

바람 없는 오늘은
왜 말똥말똥
놀란 토끼눈이냐

어느 놈이
눈치 없이
부르스를 청하더냐

알림판

노인에게
가장 반가운
선물은
보약이 아니라
좋아하는 사람이
만나주는
시간입니다

어머니

낫 놓고도
기역 자를 모르시는
어머니는
낫이 없으면
한시도 살 수 없었다
어머니 없이는
살 수 없었던
그 시절처럼
살아보니
내 삶 전부가
어머니로 시작하여
어머니와
함께 가더라

노오란 벼들이 푹 익어가는 날 들판을 바라보며
마음이 풍성해서 행복했습니다
어느덧 깊은 가을로 빠지는 날 펜을 들며
내 삶이 아직도 풍성함에 또 한번 행복했습니다
언제나 이대로였으면 좋겠습니다

최덕희

1952년 이천에서 태어남. 이천 창전동 거주. 골목시인회 회장. 한국사진작가협회 회원. 수필샘 회원. 수필집 『자연과 놀다』, 시집 『꼬옥 우리 엄마 닮았지』, 공저시집 『시가 흐르는 골목길』, 『시가 골목길로 내려왔다』

꽃씨

길모퉁이 돌아 농로길로 접어들면
야산 입구에 소를 키우는 목장이 나온다
따스한 봄햇살을 받으며
목장집 사모님이 화단을 정리하고 계셨다

불현듯 나도 꽃밭을 가꾸고 싶어
꽃씨 남는 것 좀 있냐고 물었다
많이 있다고 이 봉투 저 봉투들을 건네주며
키우는 법 주의할 점들을 알려 주었지만
난 그저 어렵게만 들렸다

꽃씨는 여기저기 뿌려지고 있었다
오가며 예쁘게만 보던 꽃들이
다 쉽게 피어오른 것만은 아니구나
이 꽃 잘 키우면
나도 누군가에게
꽃씨 전하는 사람이 되어야지

고독

이차선 도로옆에 토종닭이라고 쓰여 있는 허름한 집이 있다
거동이 불편하신 팔십이 넘어보이는 할아버지와
꼬부랑 할머니는 닭 잡아 주는 일을 하신다

작은손주가 월급 탔다구 십오만 원 보냈대유 내일 장에 나가 돈
좀 찾아서 짜장면이나 좀 먹읍시다그려
닭을 잡고 계신 할아버지를 도와 꼬부랑 할머니는 간신히 몸을
굽혀 물을 퍼드리며 말씀하신다
양수기 기계 바꾸는데 이십만 원이여 짜장면은 무슨? 헛소리 그
만 혀
퉁명한 말씀 속에 한숨이 섞여 나왔다

할머니는 삐치셨는지 물바가지를 내동이치며
안으로 엉금엉금 기다시피 들어가신다
물방울이 할아버지 얼굴에서 굴러 떨어진다
고독이 굴러 떨어진다

생일

칠십이면 어때?
어차피 예쁠 텐데

딸들이 주는 꽃다발 속에
붙어 있는 배려의 마음이었다

웃어 넘겼지만
마음 한 켠 허전함이 솟는다
왠지 피하고 싶은 생일이었다

사랑하는 가족 앞에서
덕분에 잘 살았노라고
인생의
시 한 수
읊을 수 있다면
더 없이 행복하리

48

텃밭

때가 되면 서두르지 않아도 되는 것을
텃밭에선 자식들이 자라고 있다
아는 데도 아는 대로 안 되는 게 있다

전철은 이천역을 지나 신둔역에 도착한다
텃밭에 한생을 태운 할아버지 할머니 두 분이 타셨다
깨끗한 옷차림이 결혼식 가는 모양이다
주위는 아랑곳 않고 할아버지가 할머니에게 말한다
'을식이 딸도 시집을 가는데 그년은 왜 못 간더?'
할머니는 화통 삶아먹은 할아버지의 말을 얼른 받아챈다
'갈 때 되면 가겠쥬 우리가 보챈다구 간대유?'
할머니의 검게 그을린 얼굴이 스친다
창밖을 내다보는 할아버지의 주름진 얼굴이 차창 밖 그림자에
더욱 짙어 보인다
할머니는 애기 안고 있는 젊은 부부와 마주쳤던 눈을 돌린다
당장 투정이라도 뱉을 것 같은 인상이다

때가 되면 서두르지 않아도 되는 것을
아는 데도 아는 대로 안 되는 게 있다
텃밭에선 자식들이 자라고 있다

산다는 것은

산다는 것은 웃음이어라
시냇물 졸졸 물고기 떼 사르르르
하늘 보며 웃어 주던 날
지나가던 까치새도
반가워서 포르르르
땅속 두더지도
궁금한지 여기저기
삐끔삐끔 땅속을 파놓았다

산 너머쯤에서 들려오는 고라니의
엄마 찾는 울음소리도
산골을 수놓은 행복한 음률이었지
장마철 빗소리도 잠방잠방
손님 발자욱처럼
반갑기만 하다

산다는 것은
그저 감사한 웃음이어라

가뭄 비

우르릉 쾅쾅
먹구름 캄캄
잔뜩 설레게 만들더니

연락도 없이
머언 동구 밖 나타났다
앉지도 않고
돌아서는
시집 간 누이처럼
얄미운 한 줄기 빗소리

오랫동안 머물라고
며칠 밤 푹푹 내려주면
어디가 덧나나

가족사진

마당 가득 한사랑
뒷산 숲속 나무들도
아가의 아가
아가의 아가를
모두 품고 있습니다
행복을 말합니다

나의 할머니도 그랬죠
그 아가의 아가가
할머니가 되어
아가의 아가
아가의 아가들을
사랑으로 품고 있습니다

동행

송갈리 새벽길엔
고향을 떠나도 떠나지 못한 분들이 많다
오늘은 논에서
삼태기 어깨 메고 비료를 뿌리는
오래된 풍경의 할아버지
한 주먹씩 집어서 휙휙 뿌리면
흰색의 흩어지는 비료가
진초록과 어울어져 추억을 소환한다

옆에선 드론으로 쉽게 뿌리는데
할아버지 땀줄기에 힘든 노동이 가라앉는다
고향을 떠나서 성남에 살지만
농사를 떠날 수 없어
수시로 찾아 벼농사 지으신다는 할아버지
고향의 아저씨를 만난 것 같다

송갈리 새벽길엔
고향을 떠나도 떠나지 못한 분들이 많다

초승달

엊그제 잠깐 다녀간 막내딸 시집살이
뭐 그리 좋아 하룻밤 어설프게 자고서
초승달 넘어가듯이 급하게 가버렸나

꼭꼭 오래 품고 싶었지만 엄마는 시리도록
섭섭해서 남은 별 바라보며 눈물 짓는다
어머니 내 어머니도 별빛으로 살아 오시네

국화향(시조)

외딴집 길모퉁이 울타리 돌아돌아
홀로선 국화송이 외면하지 못했네
사춘기 어느 날처럼 가출하고 싶은 날

꽃향기 맡으면서 울었네 이유없이
분풀이 사춘기는 국화꽃이 달랬네
차분한 새색씨 되어 시집가게 되었네

국화길 향기 따라 고향집 그리웠네
향수는 고즈넉이 가슴으로 삭였네
없어진 길모퉁이엔 그리움만 동동동

원적산 아래 돌다리골에 살면서
사계의 변화를 그림 보듯 즐기며 나이 들어가고
시를 읽고 마음 담아 시를 쓰며 산다는 것은
참으로 행복한 일상입니다
그 행복을 이렇게 시로
이웃과 나눌 수 있어서 더욱 행복합니다.

서광자

1953년 이천에서 태어남. 백사면 원적산 아래 거주. 골목시인회 총무. 한국동요사
랑협회 대표. 아동문학가. 동요작가. 이천시 서기관 역임. 제6대 이천시의원. 공저시
집 『시가 흐르는 골목길』, 『시가 골목길로 내려왔다』

풍경, 코로나19

산길에 이슬 머금고 누워 있던
가랑잎 따라
마을회관 담벼락에
사람들이 거리 두고
정답게 앉았다

집에만 있으면 없던 병도 생긴다며
겨울 햇볕이 사람들을
불러 모았다

하늘길도 막히고 육지길도 겁이 나
윗집 큰아들 이번에 직장을 잃었다고
누구네도 직장 잃고 시골로
집집마다 얽히고설킨
사연들이 햇볕을 쬐고 있다

씨앗

여고시절 보리수 밑에 앉아 시를 읽으며
재잘거리던 생각 그리워
앞마당 한 켠 보리수 한그루
언제 자라나 하면서 심은
어린 묘목이
어느 틈엔가 제법 굵어져
탐스럽고 새빨간 열매 실하게 웃어준다

그 미소 아름다워 오래 보려는데
하늘을 날던 새들이
언제 찜해놓았는지
쪼아 먹어 얄미웠는데

한철 지나 봄비가 내리더니
한 그루 어미 보리수 옆에
새싹이 하나 둘 다섯
원적산 둘레길 도랑 옆에
보리수 어린 나무 풍년 들었네
새들이 뒤돌려준
아!
씨앗의 위대함이여

네잎클로버

내 나이 올해 아흔 여섯이여
지금은 딸네 아파트에 갇혀 살아 답답혀
네잎클로버 찾던 그때가 그리워
난 네잎클로버 끼고 살아 건강하다우

꿈 많은 시절 초원에 살며
흰 종이 위에 곱게 말린
네잎클로버 수십 개
꽁꽁 쌓아 간직한 할머니

매일 아파트 주변을 걸으시며
어깨 처진 사람 만나면
비닐 지갑 뒤적뒤적
다독다독
행운을 누려보라고
네잎클로버 보여주시며
활짝 햇살이 퍼지듯
오늘도 행운을 나누는 할머니

나도 선물이 좋단 말이야

내 생일은 초겨울
가끔 한 번씩 첫눈이 내리기도 한다
결혼 후 첫 생일에도 첫눈이 내렸다
저녁엔 양식집에서 돈가스를 먹고 선물도 받았다
명품 옷과 구두
포장지를 푸는 순간 기쁘기보다 살림걱정으로
이렇게 비싼 것을 투덜투덜 쫑알쫑알
그 다음 날 돈으로 바꿔온 걸 안
그의 얼굴은 푸르락   으락
아끼고 아껴 산 선물인데
그냥 입고 신고 다니지
한마디 한다

그 후 생일 선물은 돈이다
몇 년이 지나 돈 말고 선물을 달라 아무리 졸라도
생일 선물은 돈이다
그때 왜 그랬을까?
생일만 돌아오면 그때의 쓸쓸함을 머금는다

텃밭

어머니 발자국 둥둥 떠다닌다
텃밭에 서면

아침 햇살이 마루에 앉기도 전
서둘러 나가
땀방울 적시던
그 사이로 스며든
어머니 손길

자식들 쑥쑥 자라라고
염원하시던
그 사랑
금빛 햇살로 빛난다

나에겐 사랑하는 사람이 있습니다

나에겐 퍼내고 퍼내도 마르지 않는 사랑의 화수분이 있습니다
오직 자식을 위해 한생을 바치신 부모님
생각만 해도 눈시울이 붉어지고 가슴이 먹먹해집니다
언제나 어린 가슴을 벅차게 만드는 사람이 있습니다
그런 사랑 물려주신 부모님이 있습니다
생각하면 아직도 마음의 무지개가 뜹니다
고요히 젖어 내린 달빛
언제나 내 가슴 채워주는 사랑의 화수분입니다

나에겐 보물이 넷이나 있습니다
딸 셋 아들 하나 눈에 넣어도 아프지 않은 보물입니다
아침부터 동동 전쟁 치르듯 출근하고
점심때 뛰어가 젖 물리며 키워낸 보물입니다
주변이 어떻게 변하는지
어떻게 세월이 흘러가는 지도 모르고
가꾸고 가르치며 앞만 보고 뛰어와 보니
어느 새 황혼길

나에겐 사랑스러운 손자 손녀가 있습니다
쑥쑥 자라고 뛰어노는 손자들한테
희망 걸며 흐뭇한 미소지어봅니다

내가 가족을 사랑하는 것은
당신과 함께 세상을 바치고 살았기 때문입니다
원적산 사계의 아름다움을 맛보며
흰머리 쓸어 넘기면서
사랑하는 보물 어루만지며 행복을 느껴봅니다

내가 사는 곳

인생의 봄날을 걷는다
돌다리골에서
지지배배 짹짹짹
갓 태어난 집박구리 어미 찾는 소리
송사리 가재 산개구리 계곡의 물소리
날이 갈수록 무성해지는
하얀 찔레꽃과 풀꽃들
돌다리골을 수놓네

둘레길 걸으며 오늘 만날
인연들을 생각하면
돌다리골 가득 피어나는 행복
인생의 봄날을 걷는다
원적산 돌다리골에서

산다는 것은

산다는 것은 아주
작은 풀꽃이 피었다 떨어지는 꽃잎처럼
풀잎에 맺혀있는 이슬처럼
바람에 떨리는 나뭇잎 같은 것이 아닐까요

산다는 것은 모든 것을
사랑하고 소유하고 누리고 싶어서
뛰고 또 뛰며
가끔은 빛나는 얼굴로
가끔은 빛바랜 모습으로 사는 것이 아닐까요

산다는 것은 열심히
싸우며 노력하면서 쌓고 허물어지면서
마음 편히 살고 싶은 욕망 속에서
뛰어가며 허우적거리다가도
모든 짐을 내려놓고 가는
다람쥐 쳇바퀴 돌리는 현상은 아닐까요

살다보면 좋은 일 나쁜 일 다 겪어내야 하듯
산다는 것은 행복을 추구하며
조금은 부족하지만
괜찮다 만족해하며 산다면
이보다 더 좋은 삶이 어디 있을까요

산다는 것은 소나무처럼 늘 푸르게
그 뿌리처럼 위대하게
자신만의 이야기를 만들어가는 것이 아닐까요

아랫집 할머니

아래 아랫집 팔순 할머니는 시골 햇살에 욕심이 많습니다
아들과 서울 사는데 시골 딸네 놀러왔다가
정겨운 시골 햇살에 반해
이것이 사람 사는 모습이라며 눌러 앉으셨다는 할머니
사위가 농사를 짓고 딸은 식당 운영
손이 딸려 이리 뛰고 저리 뛰는 딸을 위해
사위 도와 직접 키워 싱싱한 야채를 공급하신다며
까맣게 탄 얼굴에 하얀 이 드러내며
미소 지으시는 할머니

동이 트기 전부터 얼굴을 크게 부풀린
저녁 해가 질 때까지
쪼글쪼글 얼굴은 밭고랑처럼 생기셨어도
무척이나 행복하고 건강한 모습
가끔 들녘을 지나는 이에게 쫄망쫄망
아이들 어릴 적 이야기를 들려주시며
사람은 일을 해야 건강하다는
아래 아랫집 팔순 할머니는 시골 햇살에 욕심이 많습니다

초승달(시조)

외로움 겨우 달래
깊은 밤 준비했더니

꽁꽁 숨긴 자존심
간질간질 긁어 놓네

수줍은
내 맘 모르고
살짝 실눈 뜬 채로

오늘도 시상에 잠기며 더없는 보람과 즐거움을 느끼며 삽니다.
아이들 따라 낯선 곳에 와서 외로움도 있었지만
이제는 제2의 고향에서 얼기설기 얽히어
행복을 그리며 살기에 감사할 뿐입니다.

권경자

1942년 안동에서 태어남. 이천 갈산동 거주. 공저시집 『시가 흐르는 골목길』, 『시가 골목길로 내려왔다』

모두가 사랑하기 때문

대면금지법에 길 막혀
가지 사이로 비치는 햇살이
내게 묻는다
누굴 기다리고 있냐고
그러나 대답하지 못했다
기다릴 수 없다는 것을 이미 알기에
외로움도 그리움도 견뎌야만 하는 시대

보고 싶은 얼굴들 마음 속에 그리며
아무도 없는 빈 벤치에 앉아
하늘만 쳐다본다
한 시간이면 족할 거리가
마음에선 천리보다 먼 것만 같아
사랑하기 때문에 더 멀게 느껴지고
사랑하기 때문에 참아가는 습성도 길들여진다

그러려니 하면서도
촉촉이 젖어드는 그리움 떨치지 못해
야속한 시간만 재고 있을 때
추녀밑
거미줄에 걸린 마른 잎새 하나
편하게 내려앉지 못하고
작은 바람에 춤추며 속삭인다
이 모두가 사랑하기 때문이라고

훈훈한 무대

그리 넓지 않는
4차선 횡단보도
한참을 기다려 파란 불이 켜지고
사람들이 건너간다

터덜터덜
할아버지 한 분 굽은 허리에
발걸음이 몹시 불편하다
아직도 반은 남았는데
어쩌나
불은 벌써 바뀌었고
차가 지날 시간인데
많은 눈들은 안타까워만 하고
생사를 하늘에 맡긴 어르신

차들이 다 엎드린다
대단하신 분인지 알 수는 없지만
이런 세상은 참 살 만하지 않은가
다 건넌 후에야
아무 일 없었던 듯
길 위의 무대는 다시 막이 오르고
차들은 평화롭게 흐른다

처음 살아보는 세상

노인 셋,
어린이 놀이터 벤치에서 동심에 취했다
가면 같은 마스크로 본 얼굴은 숨기고
살기 위해 백신 주사 맞았다며
후유증이 두려운지 안부 묻기에 급급하다

몇 동 사는 아무개는 아주 된몸살 치렀다는구면
강산이 여덟 아홉 번 바뀌도록 살아도
이런 세상 처음이네

꿈에서 깬 듯
이 가면 벗고 활짝 웃을 날이 어서 왔으면 하면서
지난 일상이 그리워선가
한 생애 살아온
옹이진 인생 봇짐 풀기 시작한다

아내자리 엄마자리 며느리자리
귀머거리 벙어리 시집살이까지 다 나온다
그들의 담소 속엔
지나온 서러움이 얼룩져 있지만
그 세월 다 보낸 지금
서로 웃으며 옛 이야기로 꽃을 피운다
비록 황혼에 물든 수틀이지만
그런 대로 남은 삶 곱게 채우고 싶어서

꽃씨가 피기까지

머물 곳 어디냐고 묻지 말아요
바람에 실린 몸
지정한 곳 따로 없어
가다 보면
해 뜨고 지는 데라면
어디든 머물 자리 있답니다

길섶이면 어떻고 돌 틈이면 어때요
비록 하늘을 지붕으로 삼는
노숙자 신세여도
눈부신 햇살 내려 품어주고
빗물 내려 축여주면
고대광실 좋은 집 부럽지 않답니다

마른 잎새 이불 삼아 겨울 잠 곤히 잘 때
봄이 와서 깨웠어요
어서 꿈속에서 헤어나라고
바위 틈 풀꽃들도 성화를 부려요
뒤질세라 분단장 곱게 한 나를 보았어요

딸 생일에

버들가지 곱게 연두빛 옷 입을 때
너는 한송이 꽃같이
내게 왔었지
산고가 컸는지 두어 달을
시름시름 아팠었지

하지만
너를 만나는 순간
세상을 품에 않은 듯 벅찬 기쁨이
모든 고통을 잊게 했다
어언
쉰 하고도 반이 넘는구나

베트남 멀리 떨어져
이별 아닌 이별에
"생일 축하한다!"
톡 방에 한마디 써서 보내고
그래도 서운해 미역국 끓이며
그리움을 삼킨다

이사를 하면서

이것도 버리고
저것도 버려요 엄마
어찌 그리 버릴 게 많은지
얘, 잘못하다간 엄마도 버리겠다
후후후 딸의 웃음이다

이제는 딸의 말을 들어야 나이
이삿짐 쌓는 것조차 못 미더워
오늘도 동동 걸음
바삐 쫓아다니는 것이 안스럽다

그래도
중간 중간 잊지 않는 전화
엄마 괜찮아요?
집에 있는 엄마를 걱정한다

고운 햇살도
바쁜 딸의 마음도 함께 기다려 주는 집
내 마음도 그 곁에 서성인다

그래도 좋았던 것을

그때는 세상이 다 내 것만 같아
없으면 못살 것처럼
나란히 서서 백년해로할 것을
면사포 쓰고 약속했지요
일가친척 모셔놓고
죽도록 사랑하겠노라고

허나 살다보니
세월이 시기하여
뜨거운 사랑도 식어지고
미운 허물 하나둘 서로 보였지만
부부라는 틀 안에서
참아가며 맞춰가며 그렇게 살아가게 되더이다

때론 한없이 밉다가도
안쓰러워 보듬어야 하는 멀고도 가까운
그런 사이로
산도 강도 수없이 넘고 건너다 보니
미운 정 고운 정 겹겹이 쌓여
그렁저렁 한 생을 그 정으로 살았지요

외기러기 되고 보니
좋은 일 궂은 일 함께 나누며
머리 맞대고 으밀아밀 하던 때가
그래도 좋았던 것을

먼지잼

넉넉히 내려주면 좋으련만
몹시도 인색하게 애만 태운다
조그만 인심에도 정원에 생기가 도는데

복더위 폭염에 옮겨 심은 나무들
아침저녁 물주고 정성을 들이지만
그래도 안쓰러워 또 다시 돌아본다

오늘은 연이은 불볕 속에 비가 오신다
우산을 받쳐 들고 마당을 한바퀴 돌아보니
이대로 마아냥 비에 젖고 싶지만

인간이 제아무리 잘난 척해도
하늘의 뜻은 누구도 할 수 없어
겨우 목만 축여줘도 감사해야 할 판이다

코스모스 곁에서(시조)

누가 더 예쁠까
야무진 꿈으로 다가섰지만
자신 없는 표정이야 어찌 감출 수 있으랴
그래도 밀리고 싶지 않아
포즈를 잡아본다

잊고 버린 것이 없건만
널 보면
무언가 그리워지는 아쉬움
가을바람 때문일까
금세라도
멋진 얼굴 하나
환히 웃으며
꽃무리 속에서 나타날 것만 같은

너는
흔들리는 그리움이다

억새풀 강가에서(시조)

은발의 머릿결이
이슬에 젖었구나
선잠 깬 네 모습이 가엽도록 숙였네
멀잖아 찬서리 내려
찾는 이도 줄겠지

노년의 짝사랑도
시들까 두렵단다
이 가을 붙잡아서 억새풀로 묶어둘까
세월을 보듬어 안고
사정이나
해볼까

겨울날 찬바람에
찾는 이 뜸해질 때
외가리 한 발 딛고 강가에 목 늘이면
나 또한 외가리 되어
그 날들을 그리겠지

마음이 느슨해질 때 당기어 조이게 하고
마음이 슬퍼질 때 기대어 안기고 싶은
詩는 내 마음의 고향입니다
끝도 없는 그리움 찾아 떠나는 여정

정구온

1953년 온양에서 태어남. 여주 연양리 거주. 2019년 『서울문학』 등단. 대한해운 주
식회사 근무. 인사동 〈보물창고〉 창고지기. 공저시집 『시가 흐르는 골목길』, 『시가
골목길로 내려왔다』

달이 뜨기를 기다려 주시다니요

어촌의 작은 포구를 곱게 물들이던 해가
금세 까무룩 잠이 드는 시간
순간이 영원이라 느끼는 것은 사랑이라 여겨집니다
매 순간이 만남이고 매 순간이
이별임에도 익숙지 못한 우리들
상현으로 가는 달이 반으로 나뉜
둘의 모습을 대신 그려 주더니
개구리 합창 소리 잦아들더니
방파제를 후려치는 파도소리와
비바람 몰아치는 요란한 밤
그렇게 헝클어진 그대를 보며
바다가 섬을 품어 안듯
그대를 품습니다

비바람 잠들어 가랑비로 변한 아침
갯내음 물씬 풍기는 데크길에서 만난
노란 나리꽃 속에서 그대의 미소를 떠올립니다
'달이 뜨기를 기다려 주시다니요'
언뜻 스쳐가며 본 카페의 이름이
아롱아롱 새겨지고
추적추적 내리는 빗속에서
나리꽃으로 활짝 핀
그대의 모습입니다

그래도 당신

바닷가 언덕 위 비스듬히 누운 바위
차디찬 체온뿐 줄 것이 없건만
자꾸만 기대어 가지를 뻗는 소나무처럼
기대고 싶은 당신이었습니다
부리부리한 눈에 엷은 미소를 지닌 당신은
카리스마 속의 부드러움이었고
선한 영향력으로 주위를 따뜻하게 하는 마음은
예수님의 모습이었지요
고난에 담금질되었기에 뒤늦은 목회의 길을 갈지라도
능히 이겨 내리라 여겼습니다
끝내 가지 않았지만 그 길을 가리라 여겼기에
생전처음 새벽기도를 가게 되었고
띄엄띄엄 알고 있었던 성경을 통독하게 되었지요
쓰디쓴 삶의 고배를 마실 때마다
양약이 되어 견디게 해 주심에
예비하시고 준비하시는 분이셨음을 고백하였지요

5월의 신부가 되어 오라버니 손에 이끌려 갔던 회벽돌 교회당
친구가 밤새워 만들어준 풍성한 꽃길을 걷던 5월의 신부는
결코 5월에 부는 바람처럼 따사롭지만은 않다는 것을
오월에도 서리꽃이 하얗게 피어난다는 것을 서서히 배워가야 했
습니다
밤나무집 뒷뜰에서 애꿎은 풀을 쥐어 뜯으며

"그리스도 안에서 나는 날마다 죽노라"며
눈물 흘렸던 기억은 거칠고 모난 돌을 다듬어 가시는 주님의 손
길임을
그렇게 다듬어 가시기 위해 밤을 밝혀 성경을 보게 하셨음을
감사로 고백합니다
내가 최고인 줄 알았던 교만을 무너트리고 작고 하잘것없음을
고백하게 한 것은 당신과의 결혼으로 인함이기에
사랑이요 은혜입니다
아직도 다듬어져야할 거칠고 모난 돌멩이가
매끈매끈한 조약돌이 되어지기를 기도하면서
감사와 사랑을 전합니다

벚꽃잎에 띄우는 편지

"엄마! 할머니에게 전화드려야겠어요
엄마를 낳아 주셔서 고맙다고요."
아들이 초등학교 때 그랬듯이 오늘도 전화를 드렸을까요?

그 옛날 춘삼월임에도 하얀 눈이 소복하게 내렸다는
오늘은 비가 내렸어요
차 유리에 춤을 추다가 흩뿌려 놓은 듯 내려앉은 벚꽃잎은
그리운 당신이 곱게 내려놓고 간 편지이기에
마음 설레며 펼칩니다
그러나 읽을 수가 없어요 눈물이 앞을 가려서

글씨들은 아지랑이처럼 가물가물 보이지 않았지만
곁에 있지 않아도
그 마음 읽을 수 있듯이
글이 보이지 않아도 다 읽을 수 있는 엄마의 마음
그 한없음 그 무량함
그 지고함
엄마의 그 크심을 다 닮지 못해서 죄송해요
험준한 삶의 오르막길 힘겨운 그 길을 오를 수 있었던 것은
엄마가 지켜봐 주심 때문이었지요
산 정상에서 부는 바람에 모든 것이
날아갈 뻔했던 기억 이제 조심스레 내리막길을 가고 있습니다
주위를 바라볼 수 있는 여유도 가지고

얼마나 큰 행복인지요
미역국을 끓이고 있는데 아들이 백허그를 하며
"엄마, 제가 미역국을 끓여 드려야 하는데
죄송해요"

나의 행복이 엄마의 행복이기에 벚꽃잎에 띄운 편지에
행복이라는 짧은 답신을 드려요
사랑해요 엄마

산다는 것은

대숲에 서서 단단해지기 위해 속을 비우는
비움의 철학을 배우는 것입니다
깊고 깊은 비움의 울림을 느끼는 것입니다
산다는 것은

사랑하고 살아도 모자라려니
꺼지지 않는 사랑의 촛불 하나
마음에 밝혀두는 일입니다
산다는 것은

견디고 참고 견디고 참으며
금은화로 피어나는 인동초
가슴에 심고 키우는 일입니다
산다는 것은

내게 틔어준 인연의 물길
내가 터준 인연의 물길
소중한 그 물길이 막히지 않도록
길을 터주는 것입니다
산다는 것은

매리골드차에 우정을 담아

매리골드 차를 마시며 향기 그윽하거든
내 이름을 불러 주십시오

물속에서 고운 자태를 드러내는 꽃을 보며
반드시 오고야 말 행복이라는 꽃말을 기억해 주십시오

마디마디 옹이진 슬픔들이 나를 휘청거리게 했어도
그 모습처럼 다시 피어나리라는 다짐

꽃잎이 말갛게 우러난
한 잔의 차를 마시고
차향이 미소 지을 때
내 마음인양 여기십시오

선암계곡 맑은 물로 세수하고 반짝이는 은사시나무도
사인암을 굳건하게 지켜주는 소나무도
매리골드 꽃차에 담습니다
물소리 바람소리 정겨운 데크로드의
추억 한 자락도 포개어 얹습니다

매리골드 꽃차를 마시며 향기 그윽하거든
내 이름을 불러 주십시오

옥양목에 비친 엄마

내가 내 어머니를 그리며
담으며 생각하듯
내 아이들도 그렇게 간절히
그리워 해 주려나?
어머니가 나의 어머니였듯
나도 내 아이들의 어머니

어머니가 남긴 한복 천가리
하얀 옥양목으로 가장자리 두른 요덮개를 만들어
온수매트 커버로 씌우며
충무로5가 철거민들이 쫓겨 살던 미아7동
그 시절을 그려 봅니다

마당 한 켠에 큰 오동나무 한 그루
좁은 골목길을 휘돌아 가면
참새 방앗간이었던 우물에서
두레박으로 희망을 길어 올렸었지
방지거네 집을 마주하고 들어앉은 작은 텃밭
그 옆으로 흐르던 작은 개울
항아리들 모여 앉은 장독대옆에
기다림 안고 피어 있던 봉숭아
저녁 무렵이면 바시시 웃으며 저녁 지으라고 일러주던 분꽃
야트막한 산을 넘으면 여름에 물장구치던 골짜기

오동나무가 튕기는 가얏고소리
빛 바랜 기억 속에서 띠잉 띠이잉
내 아이들도 그렇게 간절히
그리워 해 주려나?

병실 밖 스케치

작은 창문 사이로 보이는 전깃줄과
길 건너 건물 지붕
바람에 살랑이는 플라타너스 잎새 너머로
하얀 구름 한 조각 함께 가자 하더니
어느새 사라지고
다시 창에 가득 들어 찬 구름
해맑게 웃어준다
모든 것은 순간에 사라지고
보이는 것 또한 전부가 아니라며

혈당체크와 혈압 재는 소리로 아침을 열고
잠시 돌아본 도심의 학교 울타리에
드문드문 앉아있는 까마중
마을회관 앞에 키 작은 맨드라미
천일홍 봉숭아 옥잠화
그들을 호위하듯 늘어선 피마자

작은 창문 너머로 보였던 세계가 일부이듯이
또 다른 세계가 펼쳐있는 도심 속에서
창에 가득 다른 풍경을 안겨주던
구름을 보며
모든 것은 순간에 사라지고
보이는 것 또한 전부가 아니라는
위안을 얻는다

초승달

초승달은 할머니 한숨이다
조개껍질 엎어 놓은 듯
옹기종기 초가집 지붕위로
군불 지피는 연기 피어오르고
고단했던 하루가
어두움과 함께 내려 앉으면
초사흘 알리듯 초승달이
고개를 쏘옥

할머니는 말씀하셨지
"쳐다보지 마라 초승달을 보면
한 달 내내 바쁘단다"
"벌써 봤어요"
"아이고 힘들어 죽겠는데
또 얼마나 바쁠꼬"
할머니 땅 꺼지라 내뿜는 한숨소리에
초승달 떨어질까 가슴 조이던 유년의 추억
초사흘 초승달이
할머니 한숨을 붙안고 눈물 글썽이네

사랑한다는 것은

비 개인 하늘의 푸르름만큼이나 설레는 발걸음이었습니다
담장에 핀 갖가지 색의 넝쿨장미가 가는 길목에서 우리를 반겨 주었고
뻐꾸기가 그 청아한 목소리로 첫 노래를 불러주던 날
우리 인생의 악보도 첫 소절처럼 아름답게
마지막 소절까지 부를 수 있다면 얼마나 좋을까요

서로 다른 두 사람이 같은 곳을 향하여 간다는 것은
서로의 모자람을 사랑으로 채워가는 것
내가 너이길 바라는 것이 아니라
나와 너의 간격을 조금씩 좁혀 가는 것

고단함을 털어내듯 뿜어내는 콧바람 속에서도 감꽃향기를 맡아 주는 것
어쩌다 한숨 쉴 때 내가 있잖아 하면서
모든 염려를 잊고 눈시울 붉힐 수 있도록 해 주는 따스하고 안온함
덜 마른 머리결에서 라일락 내음이 난다며 달보드레 속삭여 주는 것

"할머니, 할머니 눈동자 속에 내가 있네?"
"그래, 우리 아가 눈동자 속에도
할머니가 있네."
서로의 눈동자 속에서 별이 되어 반짝일 수 있을 때
서로를 향한 간절함으로 허물조차도 영롱한 별이 되지 않을런지요

사랑한다는 것은
그렇게 너와 내가 우리가 되어가는 것 아닐런지요

고독

홀로여서 외로운 것이 아니다
내 안에 네가 자리한 만큼
네 안에 내가 자리하지 않았기 때문이다
바람 부는 날에 물결이 일렁이듯
철썩이며 가는 삶의 길 위에서
둘이어도 혼자인 날은 어이 없겠으며
홀로여도 함께였던 날은 어이 없었으랴
외롭다는 것은 그럼에도 불구하고
끊임없는 나의 노래를 너에게 들려주는 것이다
네 안에 나를 채워가는 것이다
어두운 밤
별을 찾듯이 나를 채워가는 일이다

삶은 선물이라 합니다.
선물은 주고 받는 사람이 있습니다.
삶을 스치는 모든 사람이 선물입니다.
아버지 어머니의 선물이
나의 자녀들에게 소중한 선물로 전해지길 바라고
오늘날 나의 소중한 하루가
후대에도 소중한 선물로 이어지길 기대합니다.

이경근

1953년 이천에서 태어남. 이천 갈산동 거주. 이천문화원 이사. 이천설봉신문 대표 역임. 신협중앙회 이사 역임. 이천신협 이사장 역임. 공저시집 『시가 골목길로 내려왔다』

꽃씨

꽃씨를 심었다
대청마루에서 내려다 보이고
오고가는 사람이 잘 볼 수 있는
감자 심던 바쁜 일손 잠깐 멈추고
햇볕 드는 양지쪽 앞뜰을
푹푹 파 엎어 평평하게 고르더니

꽃씨를 심었다
맨 앞줄에 키 낮은 꽃을
맨 뒷줄은 커다란 꽃을
아버님 팔순 잔치날
맨 앞 줄에 증손과 손주
아들 딸 며느리 사위
형제 누이
아름다운 꽃으로 피어올렸다

두 마을

두 마을이 있다
할 수 있어 말하는
긍정의 마을과
그런 일은 불가능 해
말하는 부정의 마을이
바다 속 깊이는 알 수 있지만
좀처럼 알 수 없는 사람 마음 골짜기에

온 종일 매 순간 순간마다
긍정의 마을과 부정의 마을 사람들이
자신의 마음 영역을 넓히려 다툼을 벌인다
순간의 선택에 따라
긍정과 부정의 마음이 서로 나누어지고
두 마을에는 마음을 알리는 입이 있으니
오늘은 두 마을 중 어떤 마을 사람으로 살까

하루

새벽녘 눈뜨면
보물상자를 열어 보겠다 오늘부터
밤새 찾지 못한 보물이 있는지 뒤적뒤적
기분 좋은 하루를 시작하고 싶어
숨겨진 보물에 따라
즐거움만 빛날 뿐이니
희망과 햇살만 있을 뿐이니

그래 티브이를 바보상자라 하나 보다
새벽녘 눈뜨면
바보상자를 열지 말고
좋은 시를 읽으며
하루를 시작해야겠다
오늘부터

건강하게 산다는 것

배나무를 관리하다 보니
좋은 과일을 맺어야 건강한 나무가 아니냐는
생각이 문득 들었습니다

좋은 과일을 얻기 위해서는
그 나무가 귀찮고 힘들 정도로 과감히
나뭇가지를 다듬고 잘라 버려야 합니다
꽃 진 자리에 다닥다닥한 열매를
드문드문 솎고 흠집 생길까 포장하고
과육이 크게 익도록 백일 이상 견디어야 합니다

사람도 나무처럼 건강하려면
귀찮을 정도로 몸을 써 땀이 솟도록 하고
그 땀을 통해 얻는 희열은 느껴야 합니다

땀이 눈에 스미고 양 볼로 흐르고 덮치더라도
그 땀이 건강하게 살아있음을 증명하는 것입니다
만일 이런 땀방울을 흘려내지 않는다면
당장은 편하더라도 나중에는
답답하고 힘들어 움직일 수 없습니다

내 몸이 귀찮고 힘들더라도
건강한 땀을 흘리며 산다는 것은
살아 있음을 증명하는 것입니다

배나무를 관리하다 보니
땀을 흘려야 건강한 사람이 아니냐는
생각이 문득 들었습니다

나의 길

아버지는 일꾼에 의지하는 건달 농사꾼
어머니는 부엌과 일에 찌들려 살아오신 분
나이 드신 어머니 아버지는
농사일은 나에게 맡기고
부엌살림은 내 아내에게 넘기길 원했다

그런데 어쩌다
나는 신용협동조합에 몸담게 되었고
내 아내는 살림은 몰랐고
겨우 밥 지을 정도다

우리들 시대는
둘만 낳아 잘 기르자 하여 무조건 아들 낳아야 했다
딸 둘 낳은 아내와 나는 아들 없다는 시대 설움과
"아들 있어야지"
어머니 아버지가 던진 말에
퍼런 멍이 몸과 마음에 꽉꽉 새겨졌다

넉넉지 않은 살림에 폼 쓴 나
알뜰살뜰 살림 꾸려온 아내와 서로 달랐다
살 붙이며 살아 온 42년에 깨달음은
다음 생에 또 아내와 만난다면
다시 결혼하길 소망한다

내 삶 고단하고 힘들어 쉬운 길 아니라도
나는 좋아하며 나의 길을 걸어 갈 것이다

네팔 청년

스물여섯의 네팔 청년
친구네 젖소 돌보아주며 농사짓고 있어
나와도 인연이 닿다

언어 구사와 일맵시가 자연스럽고
부지런해 일의 엇박자도 없어
함께 하는 사람들이 불편함 없고
주인이 마음 편하게 외출할 만큼 수준급이다

5년 동안 여행다운 여행도 못하고
귀국길 몇 개월 남겨둔 청년에게
좋은 추억 남기고자 농장주인 친구가
가고 싶은 곳이 어디냐고 물었더니

바다 없는 나라 네팔 청년은
영화에서 보았던 파란 파도가 넘실넘실 춤추는
햇빛이 이글이글 하얀 모래밭을 달군
젊음의 열정이 넘치는 해변을 걸었으면 한단다

혼자 데리고 가면 그것도 주인 눈치 보느라 일이 될까 봐
어디 누구 같이 갈 사람 있냐고 물었더니
나중에 온 고향 친구도 같이 갔으면 좋겠다기에
그러마 했더니 세상 다 가진 표정을 짓더라

눈에 담는 추억보다 몸으로 느끼는 추억을 위해
보트와 4인용 자전거 타기
오징어 회 먹기 짠 바닷물 맛보기
해변 모래밭 걷기 수영하기 등 체험위주로 하였다

우리는 일상처럼 반복하는 일들이
어느 사람은 일생 동안 경험할 수 없는 일이라
그 체험담 듣고 막연히 갖는 부러움의 대상이라니
이 좋은 걸 왜 이제야 생각했던가

한계령 넘어 오는데 이건 산도 아니라며
으스대듯 말 많아진 네팔 청년
그래 그래 있는 동안 일만 말고
좋은 것은 다 경험하고 가자꾸나

잃어버린 생일

생일을 26년간 잃어버렸었다
생일이 모내기와 고추 심는 시기라
"어 생일이 지나 갔네"라는
엄마의 말이 전부였었다

사위의 첫 생일은 장모가 차려야 한다며
장모님이 챙겨주신 생일이 27번째였다
와우 생애 첫 생일상을 받으니
함박 같은 웃음이 가득 했었다

웬 생일이야 모심기도 바쁜데
엄마는 당황스런 표정이었다
하루 시작은 이른 새벽이고
끝은 손길 보이지 않는 깜깜한 밤이라
생일은 알고 있겠지만
챙겨 주지 못한 어머니 마음은 어땠을까

내가 부모 되어 자식을 키워 보니 알겠더라
산고의 진통이 가시기도 전에
힘든 몸 이끌고 농사일 하셨을 것이다
이제는 생일만 되면
고맙습니다 사랑합니다
하늘나라에 계신 어머니께 인사올린다

놀이터 텃밭

능선에 있는 배 농장 한 귀퉁이
초등학교 친구들과 함께 하는 놀이터 텃밭
옥수수 오이 토마토 상추 쑥갓 고추 감자 심고
오리 알 달걀 새알 만한 하지 감자가 하늘 보는 날
두렁에 둘러 앉아 한마디씩 이어서
들깨 콩 배추 어느 것 심어야 좋을까
말만 무성했지 결정 못하고 며칠 지난 후 가보니
친구들 말잔치 알아듣기라도 하였는지
까마중 명아주 쇠비름 바랭이 잡풀들 고랑에 가득하여
말잔치로 시작해 풀 잔치로 끝나는 것 아닌지
풀은 뽑고 돌아서면 또
빼꼼히 내밀어 풀싹들과
전쟁하듯 정복하고 승리하여야만
콧노래 흥얼대는 놀이터 텃밭이 만들어 진다

젊은 시절 일만 하고 살아온 버릇을 어쩌지 못한 우리들
은퇴 후 소일거리 찾던 중
작당하여 일군 텃밭 하나에
아름다운 여생을 가꾸고 있다

우리 아버지

평생을 여섯 아들 꿈 가득 그려
머리에 이고 살다 가신 분입니다

바쁜 농사철 흙먼지 뒤집어 쓰면서도 틈틈이
하얀 와이셔츠에 넥타이 양복에 구두 신고
아픈 다리 이끌고 삼십리길 떨어진
이천읍내 버스로 오가며
배운 분들 만나 삶의 지혜 듣고
자식 농사만을 머리에 이고 사신 분입니다

서산에 해 떨어진 지 오래 어둠이 깔려도
따뜻한 아랫목 주발에 밥이 식어질 무렵에야
체질상 술 한 잔 못 하시면서도
고단한 몸으로 자식 농사법 이고 오신 분입니다

아버지 농사 그렇게 지으려면 저에게 맡겨주세요
약관의 나이에 할아버지께 살림을 이어받고
불혹에 허리가 아파 저린 다리로 걷기를 꺼려 하시며
자전거를 타고 다니시더니 끝내 참다 못해
끊어지듯 아픈 허리 수술로 삶의 흔적을 새긴 분입니다

병상에서 환갑 맞으신 아버지께서 여섯 아들 모아 놓고
내가 그린 꿈을 이루면 형제간 도움으로
누구든 세상 살아가는데 부족함이 없을 거라며
머리에 이고 계신 자식 농사 계획을 풀어놓으신 분입니다

여섯 아들 박사로 행정가로 은행가로 교수로
잘 키우시느라 밤낮 없이 허리 굽혀
무거운 짐을 메고서도 즐겁게 살다가신 분입니다

평생을 여섯 아들 꿈 가득 그려
머리에 이고 살다가신 분입니다

우리 어머니

매년 봄이면 우리 어머니가 그리워 보고 싶다
평생 농사일에 치어서 여행 한번 제대로 못 하신
흙의 여인 우리 어머니

우리 집은 남자 일곱에 여자는 어머니 한 분이다
부엌에서 시작한 하루
들로 밭으로 빨래터로 달리기하듯 다니셨다
아버지는 하얀 와이셔츠에 양복 입고 외출하는 분
그래서 가끔은 숯불다리미로 옷 다림질도 하셨다
그뿐 아니라 동네 이장인 아버지 덕분에 면 직원들
점심식사도 많이 챙겨주셨다
어머니는 농한기 겨울이면 우리 자식들 구멍 난 양말을
꿰매며 마음속은 온통 내년 농사 걱정뿐이셨다

입춘 지나 정월대보름 오곡밥에 나물 반찬 먹고 나면
낮에는 여섯 아들 학비 마련을 위한 농사일로
밤에는 반찬을 만들고 집안 청소하며 살림을 하셨다

매년 봄이면 우리 어머니가 그리워 보고 싶다
평생 농사일에 치어서 여행 한번 제대로 못 하신
흙의 여인 우리 어머니

시는 나에게 숨결이다
꽃을 볼 때도 풀을 보아도
이 가을 낙엽 내려앉는
낙엽 밟히는 소리도 리듬으로 찾아오고
이 가을 집집마다 물든 김치의 맛
아름다운 단풍들이
나의 숨결을 더욱 포근하게 한다

신동희

1950년 단양에서 태어남. 이천 갈산동 거주. 개포1동 청룡가족공모전 특별상. 공저
시집 『시가 흐르는 골목길』, 『시가 골목길로 내려왔다』

네잎클로버

할머니 친구들이 그랬는데 네잎클로버 찾으면 행운이 들어온다
고 해요
찾으러 가요 손을 잡는다
손을 잡고 무리무리 뭉쳐있는 세잎클로버 속에서 네잎클로버를
찾아다녔다
긴 시간 헤매다 세 개씩이나 찾아 손에 쥐어주니
좋아 좋아한다

희은아 하은아 네잎클로버 행운이지만
세잎클로버는 행복이란다
할머니도 어렸을 때 네잎클로버 찾으면서 헤매었지
세잎클로버 속에서 네잎클로버 찾는 긴 세월
친구들이 네잎클로버 찾으면 부러워도 했었지
지금 할머니가 되고 보니 어쩌다 보이는 네잎클로버 행운보다
항상 보이는 세잎클로버 행복은 어떨까

언덕에 무리무리 뭉쳐있는 클로버 위로 햇살이 따사롭다
일상이 그 날이 그 날 같은
너희들이 있으니
오늘도 행복하구나

손녀들 사춘기

할머니! 할머니한테
잘 해야 하는데
나도 모르게 짜증이 나요
죄송해요 미안해요

아유, 공사 중이구나
할머니가 완공하는 시기까지
기다릴게
꽃샘바람 지나면
꽃봉오리
피어오르듯이

봉선화 꽃씨

할머니 꽃물 들여 주세요
첫눈 올 때까지
손톱에 남아 있으면
첫사랑이 이루어진대요

학교에서 가져온 꽃씨
손녀와 함께
햇빛 드는 화단을
일구어 알알이 뿌렸다
물주고 날마다
시선 주면서 바라본다

손녀들은 할머니에게
무지개처럼 피어오르는
꽃씨
비바람이 불어도 떡잎은 나오고
봉선화 빨간 꽃이 예쁘게 피었다
오늘은 꽃물 들여 줘야지

날마다 생일

"엄마가 열심히 살아 주서서
저희들이 공부할 수가 있어요."

아, 그렇구나
힘들었던 세월
엄마로 살게 해준 아이들

부족하지만
힘들 때마다 각인되는
또 다른 삶

나는 어머니다
힘들 때마다
나를 늘
다시 태어나게 만든
그 말 한 마디

오늘 하루 살아냄이

밤새 안녕히 주무셨어요
아침에 서로 인사 나누던 어른들 말이 생각난다
새벽 복하천에 119차 두 대가 보인다
경찰 공무원 왔다갔다
무엇인지 심각한 흐름이 흐르고 있다
조금 있으니 헬리콥터가 바람을 일으키면 날아온다
무슨 일인지 119차 옆에 내린다
조금 있더니 들것으로 헬리콥터로 옮긴다
급하게 헬리콥터 바람을 일으키며 날아간다

기적은 오늘 하루 살아냄이 기적이구나
나 홀로 중얼중얼

사랑하는 것에 대하여

진정으로 사랑하는 이는
숙제를 대하듯
가족과 이웃을 섬긴다

결혼을 앞둔 딸에게
남편을 왕같이 대하면
왕비가 되고
돈을 벌어오는 기계로
대하며 하인처럼 되고
남편을 무시하면 분노와 폭력으로 돌아오고
남편을 항상 잘 섬기면
머리에 영광의 관을 씌워 주리라는 말이 있다
나 때는 그렇게 배웠다
지금도 그러한가

오월 가정에 달
숙제를 하는 마음으로
사랑하는 이의
마음을 챙겨봅니다

산다는 것

어우렁 더우렁 살아가는 것이지
언니 걸어서 논두렁 밭두렁 밥 먹으로 가자
그래
모심은 논두렁
감자꽃 옥수수 가지 오이 토마토
정결하게 손질한 밭두렁 걸어서
콧노래 흥얼흥얼 신선한 바람 얼굴에 스쳐주네

산다는 것이 별 거 있나
이렇게 이웃과 밥 나누어 먹고
나누고 서로 다독이며
이렇게 좋아하면 사는 거지

이래저래 살다 보면
동네 웃음꽃 피어나네
우리 아파트 화단에
낮달맞이 꽃 피어나듯이

오늘도 나는 안경을 쓴다

노안으로 침침해진 눈
아침에 일어나면 머리맡에
가장 가까이 있는 동반자
손으로 끌어서 귀에 걸어 안경을 쓴다

안경은 항상 나와 함께 움직인다
항상 나와 함께 있다
나의 분신이다
안경을 쓰면 글을 볼 수 있어 행복하다
안경을 쓸 때 항상 행복하다
나와 가장 가까이 있는 안경은
나와 한 곳을 바라보며
내가 보지 못하는 것을 보게 해준다

꽃도 보고 숲도 바라보는 동반자
안경은 나와 뗄 수 없는 관계
나에게는 소중한 안경
오늘도 행복한 마음으로 안경을 쓴다

내 마음에

냉장고 문 열을 때
옷장 정리할 때
좋아하던 열무김치에
된장찌개 비벼먹을 때도
당신은 언제나 나를 맴돕니다

같이 가던 길 함께 하던 길
갈라진 틈새에서 피어나는 꽃같이
계절 따라 풀꽃 피고 지고 할 때도
베란다 미소 짓는 난꽃
수석 속에서도 당신은 나의 햇살입니다

하늘에 떠있는 구름 속에서도
같이 했던 지난 시간 속에
그 추억에 오늘도 고추잠자리 맴돕니다
항상 발을 맞춥니다
영혼으로 가는 길잡이입니다

출퇴근길 지하철에서

힘들 때 흔들릴 때
붙잡을 것만 있어도
기댈 데만 있어도
의지할 것만 있어도
간혹 빈 자리 만나면
그것이 복이다

오늘 하루 행운이다

품고 있던 글들이 언제
밝은 세상을 볼 수 있을까 했는데
닫혔던 마음도
품에 안고 있던 글들도
알을 깨고 부활했어요.
곧 날개를 펼쳐 하늘을 날 것 같아요.

위영자

1959년 양평에서 태어남. 이천 갈산동 거주. 공저시집 『시가 골목길로 내려왔다』

꽃망울

오밀조밀 가슴에 맺혀 있는 글망울
하얀 종이에 알알이 맺혀 있는 글망울들
이 꽃은 언제나 피려나
겹겹이 쌓인 생각의 망울들
언제나 글꽃으로 피려나
터질 듯 터질 듯
툭
터지는 날
내 마음
활짝 꽃밭이 될 텐데

詩笑

정상에 올라갔다고
큰소리 치지 마라
하향길만 남았다

주저앉아 울지 마라
올라갈 길만 남았다

큰소리 칠 것도
울 일도
없는 거야
인생은

쓴 잠

누가 업어 가도 모를 정도로
깊은 잠에 빠져
세상 모르고 잘 때
그때가 한창인 거였더라

잠도 나이를 따라 다니는 걸
나이가 들면서 깨닫게 되는구나

새벽에 눈이 떠지고 재깍재깍
시계소리가 쓴 잠을 선물로 주는구나

새벽잠 없으시다며
부지런하시던 할머니 어머니가
물려주신 선물이구나

생일

바쁜 농사일을 하시면서도
가족들 생일 기억하시고 일일이 챙기셨던 울엄마
정작 당신의 생일은 언제인지
언제 지나갔는지조차 모르시고 가족들만 챙기셨던 울엄마
엄마는 늘 괜찮다고 하서서 괜찮은 줄 알았습니다
나도 나이 들고 보니 괜찮지 않더라구요
울엄마도 누군가 챙겨주는 생일상 받고 싶으셨을 텐데
늘 괜찮다고 하서서 정말 괜찮은 줄 알았습니다

얼마나 섭섭하셨을까
왜 뒤늦게 알게 되었을까
있을 때 잘 하라는 유행가가 왜 이제야 생각나는 걸까요

나팔꽃

꽃도 예쁘지만
기쁜 소식이라는 꽃말도 가졌대요

며칠 전 나팔꽃 핀 것을 봤어요
당신만이 기쁜 소식이에요

가을강

비바람 몰아치던 때 꺼져가는 불빛만이 가물가물 흔들릴 때
옷 몇 가지 주섬주섬 캐리어에 담아 승용차 트렁크에 싣고
바람 따라 정해진 곳 없이 집을 나섭니다
눈에는 주룩주룩 어디에 답이 있을까
왜 나만 이런 고난을 겪는 것일까
어디로 가야 하나
내 마음의 어둠과 현실의 어둠은 공포로 다가왔고
아이들에게는 바람 쐬고 오겠다며 떠난 발걸음
지갑을 보니 현금 10만 원과 카드 1장
어둠을 달려 도착한 곳은 낯선 건물 앞
이대로 차에서 밤을 샐까
아니야 아무 생각 없이 자고 싶어
밖을 보니 어둠 뿐 차에서 내려
모텔문을 밀고 조심스럽게 혹시 방 있어요?
모습이 이상하게 보였는지 혼자세요?
네 젤 높은 층으로 주세요.
이상한 듯 아래위로 훑어보는 주인이 8층으로 안내를 했다.
씻지도 않고 짐도 풀지 않고 전화도 꺼놓고 죽은 듯이 잠에 빠
졌다.
얼마를 잤을까
낯선 이 곳이 어딘가 궁금했다.
내가 어디에 와있는 걸까 창밖을 내다봤다.
물안개 피어오르고 쪽배 하나 서있는 잔잔한 강가
파도에 밀리고 비바람에 밀려왔나
터널 속에 갇혀 있는 것 같던 두려움이 사그러지며

왠지 모를 마음의 평온함
언젠가는 지나가리라 아니 곧 지나가리라.
평화롭고 잔잔한 가을 강처럼
갑자기 배가 고파진다.

아침 강가에 피어오르는 물안개는
어느새 내 마음에 희망의 꽃으로 피어오르고 있었다.
끝이라고 생각했는데 이제 시작이라는 마음이 나를 이끌었다.

영자표 깻잎김치

전화가 왔어요
깻잎 좋아하지 가져 가
큰언니가 준 깻잎
무얼 만들까
장아찌는 많이 해 먹어봤으니
새로운 걸 만들어 볼까
한 번도 먹어 본 적 없는
깻잎 김치 어떤 맛일까

처음으로 시도해 본다
다듬고 씻고 한 잎 한 잎 간추려서
파 마늘 홍고추 멸치액젓 새우젓
고춧가루 매실청 양념을 고루 섞어
가지런한 깻잎 사이사이 발라준다

남편이 먹어보더니 맛있다고 한다
시도해 보길 잘했다 싶다
영자표 깻잎김치
큰언니도 맛있다며 더 달라고 한다
이걸 어쩌나 처음 시도해 본 깻잎김치가
우리가족들 입맛을 돋우니 기분이
너무 좋아 담에는 더 솜씨를 내 봐야겠다

코스모스 꽃길

울엄마 가시던 날도
길가 예쁘게 피었었지
하늘도 푸른 날

울엄마 살아생전 고생만 하시다
가신 거 어찌 알고
마지막 가시던 날
길고 긴 꽃길
만들어놓았나

산들산들
가을 꽃길
울엄마 보고 싶네

빈둥지증후군

때가 되면 떠난다는 걸 잊고 살았나
오글거리던 가족 사랑 제길 갔건만
떠난 뒤 홀로 지키는 빈 둥지
전화 소리만 들어도 가슴이 쿵쿵

갈대

수없이 흔들렸을 텐데
아직도 흔들림이 남은 걸까요
무엇이 그토록 흔들리게 했을까요
무엇 때문에 아직도
애태우며 흔들리고 있나요
바람 때문만은 아닌 것 같아요
바람 없는 나는 왜 매일 흔들릴까요

포기하고 싶지 않은 곱고 예쁜 꿈이 있기에 오늘도 시를 생각한다.
언젠가는 꼭 맞이할 그날에 마지막 인사하는 자리에,
평생에 즐겨 부르던 찬송가와
내가 쓴 시가 잔잔히 울려 퍼지면
더 행복하게 떠날 것 같은 꿈을 그린다.

안지은

1954년 대구에서 태어남. 이천 갈산동 거주. 공저시집 『시가 골목길로 내려왔다』 등

사랑은 숨어있네

건강할 때는 대충 대충
옆에 있을 때 데면데면
빤히 마주보는 건 쑥스러워서
사랑한다는 말 닭살 돋아 못하고
이것 하지 마라
저것 먹지 마라
잔소리 한다고 짜증내던 당신
젊고 건강할 때는
그 속에 사랑이 숨어 있음을
나도 몰랐네
당신도 몰랐네

국화

어디에서나 소담스러운 모습으로
어린 시절 친구들의 향기로 아른거린다

화분 개수까지 세어가며 관리하던 시절
오래된 플라타너스 잎들이 기력을 다하여
한 잎씩 떨어지기 시작하면
겨울방학을 맞이할 때까지
같은 동네 짝꿍 몇몇이
국화만
한 가득 온실 안의
난롯불을 지키고
얼음을 깨뜨려 물을 주는
온실 당번을 맡아 했지

난롯불에 국화전도 붙이고
도시락 누룽지도 만들어 먹고
반세기가 지난 지금도 입맛 다시며
그리워하는 그 시절
국화 옆에서 함께 놀던 친구들아
이 가을에도 국화와 함께 안녕한지

꽃망울

아무도 모르게 품은
희망의 망울이
여기저기서 톡톡

아이돌을 꿈꾸던 손녀가
이제는 선생님을 꿈꾸며
무명 소매자락으로 문질러 놓은
곱게 익은 사과처럼
윤기 나는
두 볼이 터질 듯이
날마다 쏙쏙

실수하고 받은 예쁜 마음

"어제 애들이 아빠 생일이라고 이렇게 그림 그리고 편지를 써서
축하했어요."
며느리가 카톡으로 사진을 보내왔다
"아이구, 잘했네. 아범이 했겠구나?"
"좋은 아빠라 아이들이 좋아 하나 봐요."
"그래, 고맙구나. 네가 잘 하는 거 다 알아."

몇 시간 후 카톡에 단어 하나를 빠뜨렸음을 알고
'행복'을 써 보냈더니 다시 한참 후

"어머니 '행복'만 왔어요. 뭘 쓰시다가?"
"위에 '아범이 했겠구나'에 '행복'을 빠뜨려서 그랬지."
"호호, 어머니 행복만 가득해요."
"너희들이 행복하면 내 행복은 덤이란다."

실수조차 한번 더 웃게 만들어주는 예쁜 마음
며느리의 카톡에서 빛나는 햇살

저울 앞에 선 자매

고양이 발로 살며시 올라갔다가
내려오는 표정들은 제각각 희비가 갈린다
형량이 얼마인가요?
3키로 형량을 받고 나라를 잃은 듯한
표정을 지어보이는 언니
나도 2키로 형량 받았어
미숙아 너는 어떻게 나왔어?
흡족한 표정으로 무죄를 알리는
동생이 부럽기만 한데
내 몸 내 맘대로 조절 어려운
60대를 70대를
50대 동생이 어찌 알까
짓궂은 한마디로 스스로 위로해 본다

언제부터인가
표준 체중을 초과한 몸무게가 공포의 대상이 되어
저울 위에 올라가는 것이
심판장 앞에 서는 것 같은 두려움으로 다가오네

둥지

쨋쨋쨋
둥지를 틀어도 되느냐고
고백하는데

선뜻 모든 걸 내주는 나무 위에
무서운 세금도 없이
안락한 보금자리를 품었네

둥지가 없어서 슬퍼하고
둥지 때문에 말이 많은
시끄러운 세상 비웃듯
높은 곳에 둥지를 틀었네

사돈이 보내온 감

가을 넉넉한 현관 한 켠에서
곱게 익은 예쁜 감이 조금씩 홍시 되어간다
기다림의 설렘이 더 입맛 다시게 하네

큰며느리 우리 식구가 된 지 벌써 9년째
해마다 가을이면 며느리 친정에서 감을 보내온다
이 나이 되도록 사돈이 보낸 감보다
더 달콤한 감을 먹어 보지 못했네

가만히 숙성되어가는 감을 빤히 마주하고 앉아서
감나무 아래서 뛰어놀고 꿈도 꾸었을 며느리를 그려본다
어쩌다 엄마 아빠로부터 혼도 났을 어린 시절
마당 감나무가 위로도 되었겠지
혼자 이런저런 생각으로 입가에 절로 미소가 번지네

꽃씨

차마 놀부처럼 똑같이 할 수 없어
남모르는 곳에서 착한 일 하고는
남쪽으로 날아갔던 제비
박씨 하나 물고 왔으면 좋겠다고
마음 모으던 시절
삼월의 봄바람 타고
실려 온 예쁜 꽃씨 하나
목석같던 큰아들 가슴에 싹을 틔우고
토끼 같은 손녀 낳아
꿈을 이루어 주고 있다
갓 시어머니가 되어 시원섭섭함이
들숨날숨으로 교차하던
그해 사월에 또 하나의 꽃씨
꽃바람에 얹혀와
막내아들 가슴에도 싹을 틔우고
몇 해에 걸쳐 공주 둘을 낳으니
알콩달콩 깨 볶는 냄새가 풀풀

고독

싹이 난 감자를 고랑고랑 고독 속에 묻어두고
무언의 약속을 남긴 채 시간을
사이에 두고 우린 서로 고독에 빠지네

너의 앞면은 외로움이지만
뒷면에는 잘 견뎌낸 보상을 잊지 않고
소중한 의미를 깨닫게 하는
진정 이로운 쓴 약이구나

지난 날의 셀 수 없는
너와 함께 한 시간들이
결코 헛되지 않고
성장하는 거름이 되었음을

빛과 어두움이 공존하고
동전에 앞뒤가 있듯이
고독 속에는 두려움과 감사가 있어
받아들이는 법을 배우네

이제는 네가 찾아오면 당황하지 않고
너와 함께 한 추억까지 소환하여
성장하는 감사로 삼으련다

늦깎이 하루

느지막이 글 쓰는 기회를 얻어
덜어내지 못하여 부딪히는 마음들을
글로 표현해내니
마음이 뒹굴 수 있는 여유가 생겨서 참 좋다

까악까 짹짹짹
수다로 하루 종일 분주한 새들도
서로 조화를 이루어 앉기도 하고
색색의 아름다운 꽃들도
스치는 봄바람에 간지러운 듯
고개를 저어가며 화답하는데
마음 표현이 서툴러 뒷걸음질한 세월들

무심히 지나간 순간들도
글로 써 놓고 보니
미처 느끼지 못한
행복들이 새록새록

작년에 울아부지 천국이사 시키고 홀로 되신
울엄마 우리집으로 모시고 왔다.
엄마와 함께 사계절을 보냈다.
신약성경 필독 마치시고 고추부각 햇볕에 바짝 말리시고는
엄마 좋아하는 고구마 많이 준비했는데,
고관절 수술하고 힘들어 하는 엄마와 함께 한 일 년
참으로 감사였고 은혜였다.

김신덕

1962년 하남에서 태어남. 이전 원두리 거주. 피아노 조율시인 남편과 함께 『소울뮤
직』 악기점 운영. 공저시집 『시가 골목길로 내려왔다』

엄마의 꽃밭

우리집 마당에 채송화가 피기 시작했다
한 포기에 빨강 노랑 하양 분홍
겹채송화가 피었다
엄마! 채송화가 이쁘지요?
그래, 이쁘구나

엄마의 꽃밭이 생각난다
우리집은 스레트 지붕 마당 한가운데
넓게 자리잡은 꽃밭이었다
칸나 다알리아 글로디아로스 백합
과꽃 꽈리 접시꽃 백일홍 빨간 해당화
그리고 화단 앞을 차지하던 채송화를
유난히도 좋아 하시던 엄마
비가 오기 전 바쁜 엄마손
해당화에 라면 봉지 씌워준다
추위가 시작되기 전 뿌리화초를 캐서
종이에 싸서 얼지 않도록
방 고구마 덤 안에 넣어둔다
우리집에 가장 흔한 것은
키 작은 채송화 원색들이 화단을 넘어
고추밭까지 점령한다

고추밭인지 채송화밭인지 모르게 가득 피었다
풀을 뽑는 어린 나에게 엄마는
풀인지 채송화인지 조심스레 알려주었다

그 옛날 엄마의 꽃밭을 보고 자란 나
엄마집에 있던 화초들은 없지만
난 오늘도 마당에서 여유와 행복을 누린다
엄마, 채송화가 활짝 피었어요

아버지의 자전거가 그리운 아침

출근길 좁디좁은 2차선 가장자리로 아슬아슬
자전거를 타고 가는 촌로를 보았다
짐칸에는 삽자루 하나 고무바에 꽁꽁 묶여
쌔앵 달리는 차도 옆으로 간신히 지나간다
울아부지 생각나 울컥 목이 메인다

울 아부지 자전거 짐칸은 아주 컸다
쌀 한 가마니
너끈히 실을 수 있는 짐칸이었다
그 자전거 한 대는 우리집 자가용이었다
엄마 아부지 새벽예배 다니실 때
아버지는 짐칸에 방석 하나 올려놓고
엄마를 태우고 다니셨다
비가 오면 비닐우비 쓰고
성경책 젖을라 가슴에 꼭 끌어안고 다니시던 엄마
눈 많이 올 때는 가지 말라 해도
부지런 떠시던 부모님

나도 그 자전거에 많이 올랐다
그때도 이차선 무서워서 아버지의 허리춤을 꽉 잡고 갔다
어느 날은 벌이 내 발등을 물어서 신발을 신을 수가 없었다
아버지는 나를 태워 교실 문 앞까지 태워다 주셨다
덕분에 나는 초중고 12년 개근상을 탔다
여름에 참외 따고 토마토 따고 오이 호박 따서
동네 집하장 갈 때도 아버지의
자전거는 꼭 필요했다
엄마와 나는 리어카로 가고

오늘 아침 아슬아슬 이차선 도로끝으로
자전거 타는 촌로를 보니
울 아부지 생각이 난다

10월의 마지막 밤을

1.

2020년 그해 10월의 마지막 날
코로나가 우리 아버지에게 찾아왔다

그 날은 중환자실에서 사경을 헤매던 날이었다
안성의료원에서 다급한 전화가 왔다
아버님이 급성폐렴으로 힘들어 하시니 한번 다녀가라신다
아버지 보러가는 과정이 이렇게 복잡하다
겹겹이 하나하나 방역복으로 무장하고
발에 신는 신발도 갈아 신고 장갑도 두 개 끼고
안경 쓰고 중무장을 하고 중환자실에 들어섰다
며칠 전까지 건강하던 101세 울아버지
그 건강하던 아버지가 축 늘어져 계신다
"아버지, 저 왔어요!"
눈을 번쩍 드신다
"어디 아프신 데 없으세요?"
도리도리 아버지의 두 손을 꼭 잡았다
아버지의 따뜻한 손의 온기는
장갑을 두 개 끼고도 느낄 수가 있었다

그해 10월의 마지막 날을
울아버지와 마지막 만남을 가졌다

2.
2021년 올해 10월의 마지막 밤엔
고관절이 95세 우리 엄마에게 찾아왔다

가을바람이 산들산들 불어온다
단풍 옷 멋지게 갈아입은 담쟁이
빨강 립스틱 짙게 바르고 하늘하늘 머플러 휘감고
깃 바짝 세워 올리고
자그마한 병실창문으로 병문안을 왔다
4인 병실에 힘없이 누워 계신 울엄마에게
함께 계신 세 분 할머니에게 찾아왔다
"할머니, 힘내세요!"
"제가 응원해 드릴게요."
가녀린 뿌리 하나 땅에 박고
거칠고 차가운 시멘트벽 아슬아슬
곡예를 하며 얼마나 힘들었을까?

2021년 올해 10월의 마지막 밤을
난 또 엄마와 이렇게 함께 하고 있다

그때 그 여름밤이 놀러왔다

초복날 저녁
닭 세 마리 사서 가마솥에 푹 삶았다
엄마! 한 마리 다 드세요
한 마리를 나 혼자 다 먹으라고
실컷 드세요
이걸 어떻게 다 먹니
그리고는 한 마리 뚝딱 하신다
내가 양계장 할 때도 한 마리는 못 먹어봤는데
정말 잘 먹었구나 내가 한 마리를 다 먹었구나
한 마리는 내 생전 처음 먹어보았다

그 말이 왜 이렇게 마음이 아플까?
나 어릴 때 우리집 양계장을 했다
여름이면 마당에 멍석 깔아 놓고
큰 솥에 한 솥 닭을 삶았다
도란도란 하다 보면 모기떼가 덤벼든다
잘 말려놓은 쑥향으로 모기를 쫓는다
우리집 냉장고는 마당에 있다
커다란 우물 안이 냉장고다
참외 수박 김치 긴 바가지에 태워
우물 안으로 여행을 간다
그때 먹던 시원한 수박 추억으로 아련하다

엄청난 장마를 겪었다
팔당문 열려 추억의 집 다 쓸려가서 흔적도 없다
우리집 양계장도 그랬지
오늘은 초복
닭 한 마리 뚝딱 맛있게 드시는 엄마를 보니
그때 그 여름밤이 놀러왔다

햇살에 걸린 빨래들

한낮 기온 33도
파란 하늘 흰구름 도화지에
물감 풀었다 하늘이 예술이다

마당 한가운데 빨래를 넌다
탁! 탁! 탁! 사분의 삼 왈츠박자에 맞추어 볼까
흰색 분홍색 색색들이 수건부터 등장한다
올여름 새로 꺼낸 새하얀 런닝셔츠도 입장한다
땀내나는 주황색 면티도 함께
나란히 나란히
뜨거운 뙤약볕에 벌을 선다

햇살에 걸린 빨래들
앗 뜨거 앗 뜨거워!
얘들아 오늘 날씨도 더운데
주인 아줌마 우리들에게
벌을 세우는 거지? 안 그래도 더운데
뜨거운 물에 팔팔 삶더니
할 수 없지 뭐
때를 스스로 털어내지 못한 우리 잘못이지
우리가 불평한다고 바로
내려 주지도 않을 거 같고
그렇다고 때가 털어지는 것도 아니고
어쩔 수 있나
우리 일광욕이나 즐기자

말끔히 때를 털어내고
바짝 마른 빨래 들어왔다
빨래를 개시는 울 엄니
어쩜 풀을 먹인 것처럼
"빳빳하니 참 좋구나."
빨래 끝 한낮 기온 33도
니네 때 타면
다음에 또 벌 선다

95세 엄마와 똥강아지

야산에서 내려온 검둥이 한 마리가 있어요
집을 나온 개인가 봐요
영양실조로 입이 돌아간 검둥개 불쌍해서 밥을 주었지요
옆집 개랑 사랑을 했어요
암수 두 마리 모두 검둥이를 낳았어요
어쩜 눈까지 까매서 나를 쳐다보는지도 모르겠어요
사남일녀 도레미파솔 이름을 지어줬어요

육개월이 지났어요
이번에는 우리집 흰둥이랑 사랑을 했어요
풀려져 있는 암놈이 묶여있는 수놈을 얼마나
귀찮게 하는지 모르겠어요
집이 없는 검둥이
우리집 컨테이너 아래 새끼를 낳았어요
내가 미워해도 애미잖아요
미역국 한 솥 끓여 주었지요

열흘 정도 되었나 봐요
컨테이너 아래에서 강아지 소리가 크게 들리네요
밖으로 끄집어 놓았어요
검둥이 네 마리 점박이 한 마리 모두 수놈이네요
꼬물꼬물 이제 눈을 막 떴나 봐요
데크에 앉아 있는 울엄마에게 데리고 왔어요

엄마! 검둥이 새끼들이에요
다섯 마리 모두 수놈이에요
지 새끼들 어떻게 할까 봐 걱정하는 어미개에게
울엄마 한마디 하신다
너 어떡하니 요새는 딸이 최고라는데
95세 엄마와 어미개하고는 대화가 잘 통하는 거 같아요
우리 엄마 심심하진 않겠네요

그런데 저는 이제 너무 많아진 얘네들을 어쩌죠?
분양한다고 해도 받겠다는 사람이 한 명도 없네요

늦여름 수확 복숭아

이사 오면서 심은 복숭아나무 삼 년 차
작년에는 달랑 두 개의 수확을 주더니
올해는 몇 개를 주려나

분홍색꽃이 마당 한 가득 활짝 피었었지
화사하고 단아한 꽃으로 찾아와
그 예쁜 꽃 떨어지자 작은 열매가 주렁주렁 열렸네
옆집에서 일러주는데
크고 맛있게 먹으려면
열매끼리 붙어있지 않게 따서 버리란다

왜요?
이 열매 지금 따지 않으면 열매가 작아서 맛이 없어
어떡하지? 아까운데
바들바들 떨리는 손으로
그래! 과일은 커야 맛이 좋지 아까워도 그렇게 하자

어느새 자라 아가 주먹이 되었지
아가야 내가 노란색 옷 입혀줄게
한 알 한 알 정성스레 입혔지

애들아! 우리식구 일곱 명
친정엄마까지 여덟 명인 거 알지?
한 사람에게 세 개씩만 안겨 주라

그 뜨거움 잘 건뎌내고
장하다 하나 둘 셋 ~
스물여섯
어쩜 너희들은 그렇게 셈을 잘하니?

딱 세 개씩 덤으로 두 개는
까치밥으로 남겨둘까?
늦여름 우리 가족에게 선물을 주니 고맙다
늦여름 따가운 햇볕조차 달콤하다

너 참 잘 살고 있구나

엄마, 엄마 잘 지내시지요?
엄마 드리라고 도가니탕 주신 명철 님
사골 국물과 구워드리라고 생선을 주신 정애님
맛있는 딸기가 나왔다며 엄마 드리라고 사오신 동희님
엄마 이 더위 잘 지내시는지 안부 물으시는 상기님
맛난 떡 가득 안고 오셔서 엄마를 기쁘게 해 주신 혜옥님
벼농사 추수했다고 맛있는 밥 해드리라며 나누시는 시화님
김치 참외 자두 블루베리 울엄마 챙겨 주시는 소영님
몇 해 동안 농부 해보라며 공짜로 땅을 빌려주는 동주님
이 더위 잘 이기시라고 모시삼베 한 벌 직접 만들어 주신 명심님
떡보엄마에게 드리라고 나누는 효순님 인희님 은경님 하정님
말랑말랑 엄마 드리라고 복숭아 상자로 선물한 용기님 경순님
농사 지어 참기름 참깨 드리라는 민숙님
더위에 시원하게 갈아드리라고 아로니아 나누는 만해님
방앗간 다니는 아들이 가져온 떡 울엄마 챙겨주시는 명화님
엄마 드리라며 두유 호박 오이지 김치 미소가 아름다운 부자님
맛난 거 사드리라 하얀 봉투 사랑주신 경자님
엄마랑 산다고 한 차 가득 바리바리 냉장고 가득 채워주는 영철 신정님

엄마!
엄마랑 같이 사니까
이렇게 주시는 분들이 많네요

너 참 잘 살고 있구나!
니가 그만큼 베푸니까 오는 거다
그래, 그렇게만 살거라

휠체어에도 가을은 왔네요

해질녘 농로길 따라
동네 한 바퀴 돌았네요
휠체어에 울엄마 태우고
천천히 느리게 돌았어요

벼 익은 논에 시원한 가을하늘 참 곱습니다
논에 날아다니는 풀벌레들
신이 나서 춤을 추고
해지는 풀섶 석양 아래
풀벌레 우는소리 정겨워요

감나무에 몇 개 달린 감도
대추나무에 다다다닥 노을도
느릿느릿 휠체어 울엄마의 뺨에도
수줍은 어린 아이처럼 가을이
붉게 물들기 시작했네요

우리 바쁘게 사는 동안
세월은 바쁘게 흘렀던 게지
천천히 느릿느릿
가을은 가을입니다

어쩌다보니 계란 두 판

내가 어쩌다 60이 되다니
33년 결혼생활 참 잘 살아 왔구나
기술 좋은 남편 만나 악기점 삼십년
남들은 내가 남편을 이기고 산다고 하지만
그건 모르시는 말씀
큰 소리 나기 전에 내가 꼬리를 내리니까 그렇지

나는 딸을 셋이나 낳았다
엄마가 쎈지 세 딸들 혈액형이 모두 O형이다
털털한 성격 사람을 좋아하는
난 큰 욕심 없이 살아가고 있다

가을햇볕이 참 좋다
맵지 않은 고추 지인에게 얻어와
엄마는 자르고 나는 찹쌀가루 묻혀 한 김에 쪘다
손으로 하나하나 펴서 햇살에 일광욕 시켰다
가을 햇볕에 해바라기도 바짝 말린다
기름 만들어 마른 고추부각 튀겨야지

작은 텃밭에는 무가 한 뼘이나 자랐다
곧 올 추석에 빨간 물고추 갈아서
연한 물김치 맛있게 익혀야지

어쩌다보니 계란 두 판
이만하면 난 행복한 거야
잘 살고 있어
토닥토닥 수고했다
내가 나를 응원한다

행복도 습관이라는 것을 느끼는 날들입니다
지금 행복해야 습관이 되어 늘 행복할 수 있다죠
저는 지금 매우 행복합니다
함께 하는 이들과 시를 쓰며
소통과 힐링의 행복을 누릴 있음에….

이인환

1965년 이천에서 태어남. 이천 갈산동 거주. 출판이안 대표. 한국동요사랑협회 자
문위원. 한국강사협회 명강사. 저서 『이미지독서코칭』, 『소통과 힐링의 시창작교
실』, 제3시집 『하늘이 바다가 푸른 이유는』 등 다수 출간

작은 꽃

발밑을 챙겨보라고 작은 꽃 피었다
발바닥부터 웃어보라고 작은 꽃 피었다
언제나 가장 낮은 곳에서
나를 받치는 발바닥을 챙겨야
발바닥부터 웃어야
온세상이 웃는 것을 볼 수 있다고
예쁘고 예쁜 작은 꽃들 피었다

하루살이

내일이 없다니 슬퍼요
그런데 그거 알아요
내일이 없는 하루살이보다
더 슬픈 건
오늘이 없이 사는 거예요

오늘을 살려면 웃으며 살아야죠
그래야 또 밤새고 나면
웃는 오늘이 열릴 테니까요

동트는 곳으로

산다는 것은 오늘을 챙겨가는 일이다
챙길 것이 너무 많아 숨이 가쁠 때나
챙긴 것 하나 없어 주저앉고 싶을 때는
몸이 힘들면 마음만이라도
애써 챙겨 일찍 일어나
오늘을 여는
동트는 곳으로 가보자

그리고 가만히 챙겨보자
애쓰지 않아도 가득 차오르는 환희를
애써 챙기려는 사랑과 행복조차
기를 쓰고 떨치려는 슬픔과 미움조차
사르르 녹여주는 삶의 희열을
희열에 물드는 하루의 시작을
숨 한번 멈추면 그만인
모든 것들을 가만히 챙겨보자

산다는 것은 오늘을 챙겨가는 일이다
어제도 내일도 모두 다
오늘이 아니면 누릴 수 없는 것들
몸이 힘들면 마음만이라도
애써 챙겨 일찍 일어나
내일을 밝히는
동트는 곳으로 가보자

사랑한다는 것은

사랑하는 이가 생겼습니까?
환하게 웃어주니 좋네요
그냥저냥 좋아 보이니 좋네요
어떻게 아냐고요?
곁에만 있어도 좋은 향기가
이렇게 진한 데 모를 수 있나요

사랑한다는 것은 그런 거지요
애써 땀 흘려 단련하지 않아도
세상 좋은 건 다 저절로
아주 쉽게 자기 걸로 만들고
주변까지 좋게 물들이고 있으니
어떻게 모를 수가 있나요

사랑하는 이가 생겼냐고요?
좋게 좋게만 봐줘서 좋다고요
몰라보게 좋아 보이니 좋다고요
당신 따라 하는 건데
오죽할까요 암요 암요
사랑한다는 것은 그런 거지요

사랑하니 좋네요 우리
힘들게 배우려 애쓰지 않아도
언제나 웃어주며 좋게 좋게 봐주는
세상 좋은 것 다 저절로
아주 쉽게 익혀서
함께 하니 좋네요 우리
사랑한다는 것은 그런 거지요

하루

아무리 좋은 것을 알아도
아는 것을 아는 것만으로 썩히지 않고
하루를 채워가는 것은
누구나 할 수 있는 일이지만
아무나 할 수 있는 일도 아니다

너도 알지 않느냐
잠자리에서 눈을 뜰 때 살며시 웃고
챙기지 않으면 놓칠새라 햇살 보고 웃고
간혹 비 바람 눈과 더불어 웃고
심심할새라 수시로 입꼬리 챙기며 웃고
실없는 사람 소리 들을새라
아무도 없는 화장실에서 힘 쓰며 웃고
웃고 또 웃고
한눈 팔면 순식간에 달려드는
미간의 팔자주름 살살 문지르며 웃고
잠자리 누워
내일도 무사히 웃으며 일어나
하루를 또 웃을 수 있기를 생각하며 웃고
웃고 또 웃는 것이
좋다는 것은
너도 알지 않느냐

아는 것을 아는 것만으로 썩히지 않고
하루를 채우는 일은
아무나 할 수 없는 일이지만
누구라도 할 수 있는 일이다
토달지 마라
말이 쉽지 어디 쉬운 일이냐고
하루는 그렇게 토달 일이 아니다
하루는 그저 아는 대로 채워갈 일이다
웃고 또 웃으며

내가 사는 곳

언젠가 이 세상에 없을 나인 줄 알기에
이 세상에 있을 동안 행복하자고
내가 사는 곳을 돌아 봅니다

내가 사는 곳은 어디인가요
우주의 한 별 지구인가요
지구의 한 점 이천인가요
아니오 아니오
내가 사는 곳은
내 생의 전부인 당신
바로 당신의 사랑입니다

당신이 사는 곳은 어디인가요
언젠가 이 세상에 없을
나인 줄 알기에
당신이 사는 곳을 물어 봅니다

행복하신가요
살 만하신가요
내가 사는 곳은
당신의 사랑입니다

해는 외로울 틈이 없다

외로울수록 사랑을 하자
그리울수록 주변을 보자

커다란 나무에게도
작은 돌멩이에게도
꽃에게도 외로운 사람에게도
햇살은 골고루 내린다
해는 온세상이 내 세상이다

내가 주인인 세상에서는
무엇 하나
사랑하지 않을 이유가 없다

홀로여도 외롭지 않다
해는
외로울 틈이 없다

혼자만 안고 있지 마세요

보낸 후에야 알게 된 것들이 많습니다
듣고 보고 익혀서 알게 된 것이 아니라
어쩔 수 없이 받아들여 포기하다 보니
알게 된 것들이 참으로 많습니다

남겨진 것보다 더 죽을 것 같은 고통은
이별의 상처를 후비고 자리잡는 미움
그 미움에 착 달라붙어 기생하는 자책
그래도 다행인 것은 사람
아파 너무 아파 어쩔 수 없이
주저앉아서야 겨우 건진 선물

보낸 후에 알게 된 것들이 참 많습니다
그 중에 제일은 보내야 한다는 것
다들 그렇게 보내며 산다는 것
사람 사는 일이 다 그렇다는 것

혼자만 안고 있지 마세요
상처보다 더 죽을 것 같은 고통은
세상 혼자인 것처럼 숨어드는 고립
그래도 다행인 것은 사람
세상은 혼자가 아니라며
펼쳐주는 가슴들
세상에서 가장 빛나는 위안

가을강(시조)

울 때는 울더라도
지금은 아니라고

다지고 다질 때면
가을강이 흐른다

촉촉히
영글어가는
그리움이 흐른다

어쩌하냐 네게도
내가 내가 흐르더냐

영그는 모든 것은
다 지기 마련인데

옹골진
이 그리움은
왜 질 줄을 모르는가

가을바람(시조)

모든 걸 털어내는 가을바람 원망하며
저승사자 닮아서 싫다하던 그대여
어쩌나 오곡 결실도 바람의 노고이니

모든 걸 주지 않는 계절이 미웁거든
풍요한 결실 맺는 계절로 스며보자
죽음이 지천인 들도 위안이 아니더냐

바람은 죄가 없지 선택은 우리의 몫
원하든 원치 않든 이러하게 진득한
우리의 시절 인연도 바람의 선물이라

가장 지역적인 것이 세계적인 것
우리는 이천의 노래꾼

동심의 길

윤석구

동심은 우리들의 아름다운 고향이며
동심의 길은 미래를 향한 우리들 희망의 길입니다
혼자 걸어도 좋고 함께 걸으면
더 즐거운 길 희망의 넘치는 동심의 길
동요할아버지가 꿈꾸는 아름다움 세상을 위한
벽돌이 하나하나 놓이기 시작하였습니다
어린이를 위한 동심의 길이 펼쳐지고 있습니다

세상의 미세한 점 하나까지 품은 작은 연못 둘레길
이름하여 이천의 명승지 안흥지에는
천지의 비밀방이 열리는 세상에서
가장 예쁜 말만 모여 크고 작은 꽃바구니에 담겨
과거 현재 미래를 도란도란 이야기하고
오선지에서는 동요가 날개를 달고 신나게 그네를 탑니다

밤에는 슬그머니 별들이 내려와 놀고
낮에는 지나는 바람도 구름도 쉬었다 가는
아름다운 길은 봄볕의 병아리들처럼
맑고 고운 웃음소리로 넘쳐 납니다
아침이슬처럼 초롱초롱한 어린 잎새가 재롱을 떱니다
뽀송뽀송 들리는 참새들의 노랫소리가 이쁘기만 합니다

동심은 천심이고 양심이며 자연과 같은 마음입니다
태초에 창조주께서 세상을 열 때도
가장 먼저 만들어 준 길이 동심의 길이라 믿습니다
누가 이 길에 차마 조각 휴지라도 버릴까요
동심은 우리들의 아름다운 고향이며
동심의 길은 우리들의 미래를 향한 희망의 길입니다

동요는 삶 지채다
― 한국동요박물관에서

권경자

아롱다롱 의상이
새가 되어 무대를 펼치고
은방울 구르는 노래가
장내를 채우네
또로로 통통
팔랑팔랑
할머니가 되어서도

몸은 망부석 같이 앉아 있어도
동심은 함께 구르고 뛴다네
그 옛날 학예 발표회
도맡아 했던
아기별
낮에 나온 반달
할머니가 되어서도
생생히 살아와
또로로 통통
팔랑팔랑

172

동요 할아버지

서광자

할아버지 할아버지
이끌어주셔서 행복합니다
마음동이 가득 채운 꿈으로
희망을 노래합니다

할아버지 할아버지
언제나 기다려주시는
우리 할아버지
시 쓰고 노래하고 율동하며
할아버지 세상 배워갑니다

내가 틀리면 친구가 맞춰주고
친구가 틀리면 내가 맞춰가는
동요 세상 할아버지 세상
마음동이 희망의 세상 배워갑니다

새벽안개

윤석구

고요하다
안개에 묻힌
안흥지

오늘은
어떤 화음이 울려 퍼질까
어떤 율동이 펼쳐질까

벚나무 단풍 은행 철쭉
그리고 수련화
무대에 출연을 앞둔 아이들처럼
긴장하고 있을까

피어오르는 물안개
설렘 가득
아름다운
식전 행사 펼치고 있구나

174

안흥지 그 자리

수양버들 휘늘어져
운치 더해주고
맑은 물 고요하여
반짝이는 빛은
더욱 고운데

파란 잎 돗자리 깔아
수련 선녀 그 위에 다소곳이
애련교 선남선녀
쌍쌍이 유난을 떠는 오후

시민들 얼굴만 비추면
활짝 반기는
임자 없는 벤치가 기다려주네

겨울 안개
— 산수유 마을2

웃음소리마저 얼어붙은
대형 솜사탕으로
앞산을 휘감아
실가지까지 알뜰하게 꾸민
서리꽃

고와서 차라리 서글픈
얼어서 통통해진
붉은 산수유
아직도 나뭇가지 매달려
지나는 이 마음 흔들어 놓네

칠월의 돌다리골

서광자

원적산 돌다리골에서 환생했나 보다
오작교에서 만난 연인
검푸른 녹음 속에서
청솔모 한 쌍으로 오르내리며
사랑을 나눈다
잣나무 위에서
떨어뜨리는 잣송이
토도독 토도독
사랑의 열매

모퉁이에 피어있는 해바라기
아무도 모르게 알갱이 품고 있는
칠월의 원적산 돌다리골

내가 살고 있는 곳

이경근

아름답고 깊은 산속이었던 곳이
세월에 순응하여 아파트 단지로 바뀌어
산새들 살던 곳에 주민들이 모여 살고 있습니다

하얀 돌과 기와가 어울려 담장이 아름답기도 한데
그 돌담이 5월의 빨간 장미를 한 아름 품고
지나가는 분들께 사랑과 열정을 나누어 주고

산수유 소나무 전나무 이팝나무가 곳곳
아침마다 새들 합창 소리에
아파트 주민들 하루가 즐겁고 행복합니다

아파트 개발하다 발굴된 유적지가 안흥사지 절터라
유적지 보존법에 따라 공터가 되고
잔디에 절 주춧돌 심고 그 앞은 꽃밭이 되었습니다

푸른 잔디 공터를 통해 따라온 햇살은
여름에는 오는 듯 마는 듯 슬쩍 가고
겨울에는 거실과 방 가득 오래토록 머무는
내가 사는 곳은 갈산 현진에버빌 307동입니다

옛 안홍사지 절터 보이는 베란다에서 명상하며
고승의 불공 소리와 불자들의
예불 드리는 모습을 상상합니다

아름답고 깊은 산속이었던 곳이
세월에 순응하여 아파트 단지로 바뀌어
산새들의 숨결 따라 주민이 모여 살고 있습니다

원적산 억새풀

서광자

가을 능선 따라가다 보면
슬쩍 스치기만 해도 손이 아리지만
은빛보다 더 고운 자태 뽐내며
바람맞이 동산에 몸을 맡기고
햇살이 부서지면 꽃술로 길 열어
골짜기 울리는 메아리 그리움으로 안긴다

겉으로는 엄해도
속마음은 따뜻한
우리 엄마 닮았네

겨울 오니 추울까 봐
우리 엄마
또 걱정이 되시나 봐
억세게 찬바람을 막아주며
원적산 지켜주네

증포동 양심우산

위영자

갈산 농협 입구 옆
우산이 비치되어 있는 것을 보았어요
문득 어릴 적 생각이 났어요
갑자기 비를 만날 때면
남의 밭에 있는 토란잎 꺾어 쓰고
친구들과 뜀박질해서
돌아오던 그때가 아련하네요

형제가 많은 우리집은
비가 오는 날에 우산 차지 어려운 일이었죠
망가진 우산 쓰기 싫어
새벽같이 일어나 마루 밑에
좋은 우산 숨겨 놓던
그때가 아련하네요

양심우산을 보니
우산이 귀하던 그때가
새삼 생각이 나네요
나
좋은 세상
살고 있는 거 맞죠?

시원한 배려

위영자

증포동에 볼 일이 있어 집을 나섰네요
남편이 태워다 준다고 했지만
운동 겸 걸어서 다녀오겠다며 고집을 부렸지요
막상 길을 나서니 더위가 만만치 않았어요
전화해서 태워 달랠까 나선 김에 그냥 다녀올까
왔다갔다 시계추가 되어버린 마음
결국 그냥 다녀오자
양산을 쓰고 손수건으로 연신 흐르는 땀을 닦으며
걸어가는 증포동 교차로에 이런 문구가 보였어요

무더운 폭염!
시원한 생수 드시고 잠시 쉬어가세요

문구 아래 아이스박스가 놓여 있었어요
정말 물이 있을까
조심스럽게 뚜껑을 열어 보았습니다
얼음 물병이 가득
고마운 물병 하나 집어들고
얼음물 녹을까 뚜껑 닫고 확인 또 확인
큰 배려해주시는 분들이 고마워
뚜껑 잘 닫는 것도 작은 배려라 생각하며
확인 또 확인
걸어오지 않았으면 누려볼 수 없었던 특별한 혜택
건강 삼아 걷기로 한 선택
쓸데없는 고집은 아니었네요
덕분에 시원한 배려와 감사의 마음을 가슴에 담고 왔네요

돌댕이 마을

안지은

꼬불꼬불 돌고 돌아 대덕산 줄기
풍광 아름다운 마을

품은 듯이 울을 두르고 있는 소나무들이며
집 옆으로 휘감아 흐르는 계곡 물이며
같이 놀아 달라고 꾸꾸대는 닭들이

들꽃을 깨우고 동심을 부른다
전원 돌댕이 마을이 손주들을 부른다

183

이천시장 명가빈대떡

권경자

맛 따라 발길 가는 곳
명가의 고소함이 시장 골목을 메울 때
오늘도 어김없이 사장님은
하얀 모자에 노란 앞치마를 두른 채
구수한 정성까지 넣어서
웃음을 채우는 일등 셰프
홀 안은 벽마다 좋은 글과 사진으로 채워졌고
테이블마다 북적이는 손님들 위해
즉석으로 해내는 각종 부침 모듬
그 맛 또한 일품이 아닐 수 없더라
메뉴도 다양하다
구십일 년도 젊은 시절 만두가게로 시작해
십 년을 하고 다음 해에
지금 명가 빈대떡으로 전환했다며
어려움인들 왜 없었을까
하지만
카네기를 통해 치유를 받으며
어떤 어려움도 극복할 수 있었다며
꾸준하게 성실히 한길을 걷는 것만이
성공의 비결이자 시장을 살리는 것이라며
웃음으로 소망을 말하시는
허사장 님
그 소망 꼭 이루시길...

관고전통재래시장

최덕희

시어머니 눈치 안 보고
떳떳하게 나올 수 있는 유일한
자유시간이었지

조년 수부늘
저녁 준비 위해
시장바구니 들고
재래시장으로 모였지

친구들 만나는 재미 쏠쏠했지
운수 좋은 날은 통닭도 한 마리 뜯었지
서로 반찬 만드는 법도 알려주며
같은 반찬거리 준비했지
가끔은
그런 시장 보는 재미 그립다네

이천용인닭발

안지은

소족발도 돼지족발도
부담 없이 먹었지만
닭발은 차마 먹지 못했는데
오늘 처음으로 먹어보네

맵다 맵다 매운 맛이
좋다 좋다 빠져든 첫사랑처럼
이상하게 자꾸 끌리어
아직 먹지 못하는 일행에게
먹어보라고 권할 만큼
묘미에 빠졌나 봐

수려선

추억 스민 협궤열차 만남의 광장이었지
우연을 가장한 부딪힘과 눈맞춤에
맞은 편 여학생이 부끄러워
얼굴 붉혀 도망가듯 건너던 등하굣길

시간 맞추어 다니던 동차
끼익 칙칙폭폭 기적 소리는
괘종시계 같이 시간을 알려 주었고
수증기와 연기는 어디쯤 왔는가 알려주었지

읍내 학교 통학생 오천 용인 장꾼들
인천 수원 여주 수학여행 타고 다녔지
땡땡 소리에 차단기 내려오고
수려선 건널목에 깃발 올라갔지

* 수려선: 수원 여주 협괘 석탄 증기 기차로 일제 강점기인 1930년 12월
에 개통하여 1972년 4월에 폐지를 하였다.

이천 중앙통거리

이경근

그때 알았더라면 좋았을 걸
그림으로 사진으로 시로
또는 일기로 자세히 남겼더라면

전봇대는 건물보다 높아 하늘 찌르고
잊혀가는 진전골목 이야기와 가게 이름들
흙먼지 나는 중앙통 버스길에 쌓인 눈
지금은 복개된 중리천으로 밀고 했었다

자장면 먹은 그릇에 남은 꾸미
보리차 물로 싹싹 가셔 마시고
돈 안 드는 순댓국
국물만 더 달라며 배를 채웠다

엄마는 곡식을 자루에 담아 버스 타고 나왔고
장날 차부 앞에는
"저 자루 내 거! 이 보따리 내 거!"
좌판 벌려 놓은 아줌마들이 악다구니 경연을 펼쳤다

중앙통시장은 기쁨과 슬픔을 더하고 나누는 곳
이 마을 아저씨 저 동네 아줌마들이
억척스런 악다구니로 하나가 되는 곳
매운 닭발 모래집 튀김 전 족발 새로운 안주
억적스런 악다구니 옛 모습 살아 있지만
사라진 것들에 대한 아쉬움은 달랠 길 없구나

그때 알았더라면 좋았을 걸
그림으로 사진으로 시로
또는 일기로 자세히 남겼더라면

빨간 의자

기다림은
희망이고
설레임이라네

설봉 저수지 둑방 밑
빨간 의자
푸른 하늘 바라보며
손님을 기다리고 있다네

누군가 앉아서
소곤소곤 얘기해 준다면
간지러운 귀를 맞대고
히쭉히쭉 웃으며 들어 줄 텐데

가끔은 참새떼 날아와
재잘재잘
너무 재미있어
붙잡아 두고 싶다네

기다림은
희망이고
설레임이라네

에이스경로회관

안홍 주공아파트 동네 어르신들은 점심때만 되면 에이스 경로당 가는 것을 낙으로 여긴다. 나도 처음 이천 왔을 때 같이 가자는 권유를 받을 때는 좀 부끄러워서 가지를 않았다. 아직 젊음이 있는 것처럼 느꼈기 때문인 것 같다.

그래서 겉으로만 어르신들이 가는 곳이구나 생각했는데 안에 들어와 보니 밖에서 듣던 것보다 더 정결하고 정겨운 음식들이 나온다. 영양사 선생님 봉사하는 이들이 더더욱 손이 너무 따뜻하고 귀한 곳이다.

이렇게 어려운 시기에 먹을거리로 섬기는 손길이 있으니 우리 사회는 아름다운 것 같다.

아름다운 이천을 만들고 있는 곳이다.

이천도예촌

이인환

3번 국도 경기와 충청을 이어주는
경충대로 이천으로 들어서면
길가에 도열한 천년의 장인정신이
이천쌀밥과 어우렁더우렁
차창 밖 햇살을 유혹한다

좀더 급한 마음이라면 중부고속도로
서이천 아이씨 타고 나와 좌회전으로
새로 조성한 예술인 마을 예스파크 지나
경충대로 나올 때까지 달려오면
우로는 기치미고개 좌로는 넋고개
임진왜란 때 탄금대에서 전사한 신립 장군
시신 대신 잉어 뱃속에서 나왔다는
투구 끝에 달았던 금관자 관에 넣고
장사 지내려 서울로 운송할 적에 상여꾼이
"장군님!" 하고 넋을 부르니 "오냐!" 하더니
이천읍내 지나 고개 넘어 갈 적에는
"장군님!" 하고 부르니 "에헴!"
기침으로 답했다 해서 기치미고개
또 한 고개 만났을 때 "장군님!" 했더니
기척이 없어 넋이 떠나셨나 보다 해서
넋고개라고 했다는 전설을 품은
기치미고개와 넋고개 사이에
자리잡은 이천도예촌

빛나는 것이 어디 햇살뿐이랴
옹기 항아리 찻잔 접시 밥그릇
기천만 원 웃도는 고려청자
조선백자까지 세월에 물들어
옹기종기 빛을 내는 천년의 도예존
3번국도 경충대로 예술의 혼으로 빛난다

도예촌의 청담

최덕희

도예촌의 본고장 이천에 파묻혀 보고자
장인의 보금자리 틀었다 한다

주말 부부 감수하며
홀로 머무는 외로움이
새 중에 제일 못된 새
텃새만큼 하랴

혼을 담은 탄생의 예술이 있다
섬세함과 뚝심 꺾어 돌리고 돌리는
팔뚝 근육에 줄줄 흐르는
땀줄기가 있다

손끝에 빙글빙글
우주의 혼이
하나의 탄생을 위해
불꽃의 춤으로
청담의 얼로
타오르고 있다

194

이천쌀밥

서광자

깨끗하고 풍부한 지하수
낮과 밤의 최적의 기온 차이로
영양분이 축적되는
과학적으로도 풀 수 없는
옥타포사놀
맛과 영양이 좋은 양식
우리의 영원한 보약
촉촉하고 윤기 자알잘 흐르는
입안에 넣으면 그냥 꿀꺽 넘어가는
네 앞에서만큼은 누구나 임금님
나도 임금님

애련정에서

정구온

1.
능수버들 커튼으로 드리워진 애련정
뿜어대는 분수는 은빛 물결 반사하는데
시인묵객들은 어디로 가고
낡은 서판들만 나를 반겨 주는구나
진흙에서 피어나되 맑고 향기로운
군자라 칭하는 연꽃을 닮고 싶어
머무는 발걸음에
바람도 살가와라

2.
시인묵객들의 시가 걸린 애련정에 앉아
어줍잖은 시를 읽으며
시인이 되고 싶다는 생각을 한다
진흙에서 피어나서
멀리 더 맑은 향이 나는 연꽃
가장 아름다울 때 꽃잎을
하나하나 떨구고 가는
연꽃을 닮은 시인이고 싶어
애련정에 앉아 시를 읽는다
시인이 되고 싶어 어줍잖은 시를 읽는다

애련정 소풍

김신덕

1.

애련정, 연꽃이 아름답게 핀 안홍지의 모습을 보고 지은 이름이
란다 역대 왕들이 여주의 영릉을 참배하고 돌아 가면서 꼭 들렀
다는 곳일 정도로 아름다운 곳이었단다 조선 실록에도 여러 번
나오는 유서 깊은 곳이란다 조선의 왕들에게 사랑받았다는 애련
정

2.

아침 햇살 가득
더운 바람이 폴폴 나는 6월
온천공원 애련정으로
삼삼오오 둘러 앉았다

골목시인들이 돗자리를 폈다
오랜만에 먹어보는 도시락
진수성찬보다 더 맛있는 점심
행복은 멀리 있지 않다는 말
살살 바람이 우리를
행복하게 해준다
소풍으로 시 한 수 건졌다

중리동 오대양횟집

정구온

시가 흐르는 골목길 중심에 있는 중리동 오대양횟집
담벼락에 걸린 시화들 옹기종기 도란도란
정겨운 대화 나누고
한 쪽 켠에 꽂혀 있는 책들은 북카페인 듯 신선한 느낌
어머니가 뱃속에 아가를 품듯이
어머니의 마음으로
어머니맛을 일구어내기 위해
육대주를 품고 있는 오대양이라 이름했다지

사람이 좋아 사람 사는 이야기가 좋아
시작한 오대양횟집
술 잔 들고 다니며 경청했던 그 이야기들이
서가에 꽂힌 책들처럼 마음에 가지런히 담겨 있었네
차곡차곡 담겨진 그 철학과 지혜
바람 부는 날도 눈비 내리는 날도
묵묵히 견디어 낼 수 있는 버팀목이 되어주었지

정갈하게 나오는 음식들을 대하면서
아궁이의 불을 지피며 매캐한 연기를 들이마시면서도
행복한 미소를 짓는 어머니의 모습을 보네
어머니의 맛을 느끼네
앞앞에 놓인 회접시에선 오대양의
코발트빛 에머럴드빛 다양한 바다색이
맑은 수채화를 그려내고

바다 깊은 곳으로 유영하게 하는 오대양에서의
송년회는 한 해의 껄끄럽고 아픈 기억들까지
바닷속 깊이 묻어 주었지

"살짝 미치면 인생이 즐겁다"는 가게안 장식처럼
맛으로 행복하고
사람의 향기에 행복한
푸른 물결 넘실대는
한 폭의 수채화였네

설봉산의 겨울

벗은 나뭇가지 끝에
지나간 계절의 추억들이 대롱대롱
오가는 바람소리 바스삭 스러럭

이 나무 저 나무 이 산 저 산을 부산하게 날아다니며
짹짹짹 까악 까악 꾸르럭
온갖 산새들이 통역도 없이 큰소리로 난리들이네
우는 소리일까 노래하는 소리일까
밉다는 말인지 사랑한다는 말인지
겨울산 여전히 새들의 천국이 되어
지나가는 등산객의 걸음을 상쾌하게 해준다

친구가 짝짓기를 한다고 청첩장을 나르는 새
외로워 하던 친구가 추위까지 못 견뎌
저 세상으로 갔다는 부고장을 나르는 새
서너 장 달려 있던 메마른 잎사귀
축하장으로 조문장으로 감사장으로
한 잎 한 잎 떼어내고
바삐 지나가는 겨울 햇살 붙잡으려는 사랑 노래 불러 보네

유림구만리

신동희

구만리 뜰을 걷다 보면 기와집으로 눈에 들어온다. 그곳에는 이 지역에 점심시간 정해진 시간에만 기아지 갈비탕 오천 원에 따끈한 한 그릇 받을 수 있다 고기도 많이 들어있다.

안흥 주민들 어르신들이 함께 하자고 해서 몇 번 가서 먹었다. 11시30분 지나면 앉을 자리가 없다고 일찍 가자고 한다. 나도 그 틈에 뜨끈뜨끈한 갈비탕과 맛깔난 깍두기와 먹고 나면 흐뭇하다. 일하시는 아줌마들이 친절하고 마음껏 풍성히 준다.

아이스크림까지 먹고 안흥주공 경로당에서 뒹굴면서 "아이, 잘 먹었다." 세상 만끽한다. 가끔 출출하면 동네 경비 아저씨 경로당 할머니들이 가는 곳이다.

이 힘든 시기에 참 고맙고 감사하다. 어려운 세월 서민들이 마음껏 찾아서 배부를 수 있는 곳이다.

가을, 산수유마을

이인환

가을이 익어가는 마을마다
그리움이 여물지 않은 마을이
어디 있겠냐만
가을걷이 잊어가는 산수유마을엔
더욱 진한 그리움이 영근다

가을이 익으면 거둬야 하는 마을에선
겨울나기 양식으로라도 털어가지만
한 해가 익을수록 더욱 쟁이는 마을
산수유마을에 가을이 익으면
새빨간 그리움이 마을을 덮는다

겨울이 찾아오면 더 하리라
끝끝내 영근 열매 거둘 사람이 없어
가지가지 악착스레 매달린
알알이 시린 새빨간 그리움이
흰 눈에 덮이면 아련함 더 하리라

자식들까지 고생 시키고 싶겠나
예전엔 먹고 살려고 다 매달렸지만
지금은 떠나겠다는 걸 어찌 잡겠나
한 집 건너 빈 집이라도
지키는 이 있으니 이만한 거지

가을이 익어가는 마을마다
그리움이 여물지 않은 마을이
어디 있으랴만
가을걷이 잊어가는 산수유마을엔
더욱 아린 그리움이 영근다

이천장날

이인환

설봉산 아래에는 팔천장을 돌아야
하루를 마쳤나 보다 하는 사람들이
살고 있다는 말을 들었습니다
백암 양지 곤지암으로 통하는 오천장을 보고
여주 양평 장호원 광주로 통하는 이천장을 보고
늦은 밤 방바닥에 누워 천장을
도합 팔천장을 돌아야 하루를 마쳤나 보다 하는
부지런하고 순박한 사람들이 오래 전부터 지금까지
없는 것 빼고 있는 것 챙겨 이칠일 오일장을 이루는
흙냄새 땀냄새 사람 냄새 풍기는
사람들이 살고 있다는 말을 들었습니다

지금이야 예전과 좀 다르지만
팔천장을 돌아야 하루를 마쳤다는
부지런한 사람들이 그리울 때는
이천장날   이칠일 시장통을 돌아봅니다
나생이 무수 옥수꾸 미꾸락지
이천쌀밥 떡볶이 배추짠지 무짠지
쌀 팔러 가는 걸 쌀 사러 간다며
판다와 산다를 반대로 쓰고
존대말 어미 ~요의 말끝을 살짝 흐려
자칫 반말처럼 들리는 투박한 사투리

어디에도 아버지 어머니 아닌 것이 없고
장날이면 열리는 천막칼국수
딸아이들도 좋아하는 곱창볶음 닭발 순대
빠트리면 허전한 막걸리 반 주전자
일가친척 가족만큼 정 깊었던
옆집 앞집 아저씨 아주머니들
함빡 웃음에 흠뻑 취해 봅니다
사람이 그리울 때는
이칠일 이천장 팔천장을 돌아봅니다

설봉저수지 바라보며

이경근

아무리 좋은 일도 찬반은 있기 마련
저수지 둑 쌓을 때도 그랬지

불만 가진 사람들 소문을 내었지
저수지는 몇몇 유지들의 욕심이라고
조상 은덕 입으려고 배산임수 만들고자
이천읍내 사람들 머리에
물을 이고 살게 만드는 거라고

좋아하는 사람들도 많았지
이천은 물을 보고 즐길 곳이 없기에
흘러가는 설봉산 물을 머무르게 하면
산과 물이 어울리는
아름다운 명소된다고

그때 설봉산 물은 빠르게 흘러
계곡에서 즐기고 놀기에는 부족했지
비가 와도 하루 이틀이면
복하천을 빠져 나갔지

가재 방개 숨쉬던 계곡에는 빨래터 있었고
논에선 미꾸리 메뚜기 천렵
밭에선 콩서리 무서리 즐기던
그 시절 아련한데
아무리 좋은 일도 찬반은 있기 마련
저수지 둑 쌓을 때도 그랬지

* 저수지는 1972년 완공하였으나 그해 진종일 장맛비가 내려서 저수지 둑이 무너질 위험에 피난 갔던 기억이 새롭다

복하천에서

이인환

사람이어서 다행이다
삶의 주인이라서 행운이다

해보다 부지런한 청둥오리가 점령한
물 아래는 날마다 새벽부터 전쟁이다
겨우 살아남아 몸집 불린
잉어의 자맥질이 위태롭다
무더기로 뿌리 내린 갈대는
지난 생 정리하지 못한 것들이
움트는 새싹의 봄날을 짓누르며
생의 깨끗한 정리의 중요성을 일깨운다
조금만 다가서도 후루룩
사람의 눈치를 보며 도망쳐야 하는
청둥오리 떼들의 생애가 처절하다

산다는 것이
위태롭지 않은 삶이
처절하지 않은 삶이
어디 있으랴

사람이어서 다행이다
내 삶의 주인으로
살 수 있어서 행운이다

소통과 힐링의 시 20

시를 골목길에서 줍다

초판 인쇄 ㅣ 2021년 11월 23일
초판 발행 ㅣ 2021년 11월 26일

지은이 ㅣ 윤석구 최덕희 서광자 권경자 정구온 이경근
　　　　　신동희 위영자 안지은 김신덕 이인환 골목시인회

펴낸곳 ㅣ 출판이안

펴낸이 ㅣ 이인환
등　록 ㅣ 2010년 제2010-4호
편　집 ㅣ 이도경, 김민주
주　소 ㅣ 경기도 이천시 호법면 단천리 414-6
전　화 ㅣ 010-2538-8468
인　쇄 ㅣ 세종피앤피
이메일 ㅣ yakyeo@hanmail.net

ISBN : 979-11-85772-86-8(03320)

값 13,000원